ROLF ELSEBUSCH

WILL ICH, GRILL ICH!

GRILLEN
SCHMOREN
SMOKEN

EMF

EIN BUCH DER
EDITION MICHAEL FISCHER

WICHTIGES ZUBEHÖR BEIM GRILLEN

THERMOMETER

Das wichtigste Tool, wenn man den Garpunkt von Fleisch exakt bestimmen will. Gerade bei dickeren Steaks ist es schwer, den abzuschätzen. Das Thermometer, am besten mit mehreren kabelgebundenen oder kabellosen Fühlern, eignet sich auch, um den Garraum des Grills oder mehrere Stücke Fleisch kontrollieren zu können. Kauft euch nicht das teuerste, die günstigen funktionieren meistens auch sehr gut. Ob ihr eins mit App-Anbindung oder weiteren lustigen Features haben wollt, bleibt natürlich euch überlassen. Ich habe ein preislich nicht allzu teures Thermometer, welches aber die Temperatur möglichst exakt anzeigt. Das reicht mir.

GRILLZANGEN

Zu dem Begriff Grillzangen zähle ich hier mal ein komplettes Set, also mit Zange, Grillspatel und -bürste. Die sind zum Arbeiten und zum Reinigen absolut unerlässlich. Wenn ihr eine neue Grillzange sucht, wählt eine, die stabil ist und am besten zumindest eine flache Greiffläche hat, sodass man auch gut unter das Gargut greifen kann.

HANDSCHUHE

Ich habe zahlreiche Handschuhe verschiedenster Hersteller. Aber ich vergesse trotzdem häufig, wie schnell sich der Griff einer Gusseisenpfanne aufheizt und greife ohne Handschuh danach. Das ist Lehrgeld! Aber im Ernst, ein paar Grillhandschuhe sind schon sinnvoll. Gerade, wenn man Gusseisen, wie eine Pfanne oder einen Dutch Oven, benutzt. Oder aber auch Spieße anfassen will. Beim Material bevorzuge ich mittlerweile Stoffhandschuhe statt Leder. Die sind flexibler und vor allem waschbar.

GUSSEISENPFANNE

Die gehört ebenfalls zum wichtigsten Zubehör. Ich bereite einen nicht unerheblichen Teil meiner Rezepte darin zu. Selbst, wenn ich „nur" Burger grille, in der Pfanne kann man schnell mal Zwiebeln anrösten oder Speck anbraten.

KAPITEL 2 – PARTYREZEPTE 61

Ofensuppe 62

Ofenfleisch 64

Käse-Lauch-Suppe 66

Mitternachtssuppe 68

Gulaschsuppe 70

Pizza-Toast 72

Currywurstsuppe 74

Salzbraten vom Smoker 76

Soljanka 78

KAPITEL 3 – BEILAGEN UND DIPS 81

Röstknoblauchbutter 82

Bacon-Kräuterbutter 84

Baked Beans 86

Gebackener Feta 88

Röstzwiebeln 90

Griechischer Feta-Dip 92

Ranch-Dip 94

Ham Jam 96

Chimichurri 98

KAPITEL 4 – VOM SCHWEIN 101

Schweinebäckchen 102

Dicke Rippe 104

Bacon-Torte 106

Nudelauflauf Elsässer Art 108

Zwiebelwürstchen 110

Pusztabällchen 112

Kaukasische Schaschlikspieße 114

Memphis Style Spareribs 116

3-2-1-Spareribs 118

Bauerntopf 120

Zwiebel-Schichtfleisch 122

Pork Chops Burger 124

KAPITEL 5 – VOM RIND 127

Malzbierfleisch 128

Pulled Beef Cheese Sandwich 130

Tomahawk Steak 132

Cola-Bällchen mit Kartoffeln 136

Kalbskarree 138

Gulasch 140

Philly Cheese Steak 142

Iskender Kebap 144

132

158

Sloppy Joe 146

1895-Burger 148

War Fries Burger 150

Peanut Cherry Bacon Burger 152

Texas Jailhouse Chili 154

KAPITEL 6 – GEFLÜGEL 157

Pulled Chicken Tacos 158

Saftige Hähnchenbrust 160

Jägertopf mit Hähnchen 162

Hähnchen-Reis-Pfanne 164

Portugiesisches Zitronenhähnchen 166

Register 168

Über den Autor 172

Danksagung 173

VORWORT

Mein Name ist Rolf, 50 Jahre alt, Familienvater von 3 Kindern, Ehemann, Besitzer von 2 Katzen und einem Hund. Ach ja, einen Beruf habe ich auch noch. Man sollte meinen, dass ich damit ausgelastet bin, aber ich verbringe fast meine komplette Freizeit mit Grillen und Kochen. Ich habe schon immer gerne gegrillt und habe damals mit einem Kugelgrill und einem Gasgrill angefangen. Im Jahr 2014 und 2015 befand ich mich im Auslandseinsatz in Afghanistan. Dort habe ich, sofern Internet verfügbar war, in meiner Freizeit oft Grillvideos auf YouTube angeschaut, um zu sehen, was ich grillen kann, wenn ich im Urlaub zu Hause bin. Irgendwann kam dann die Idee, dass ich meine Grillrezepte auch verfilmen könnte. Ganz sicher war mein Kollege Torsten aus Stralsund dabei nicht ganz unschuldig und vermutlich auch 1–2 Bier. Ich hatte damals eine Kamera und habe auch direkt angefangen. Nun musste natürlich auch ein Name her! Am besten einer, mit dem ich meine Verbundenheit zu meiner Münsterländer Heimat zeige. Da ich an der niederländischen Grenze wohne, wurde daraus „Westmünsterland BBQ". Inzwischen zählt mein YouTube-Kanal sicher zu den bekannteren in Deutschland, und ich erinnere mich noch gut an die ersten Videos mit meiner Frau im Hintergrund, die sich nur dachte „Gott, wie peinlich …". Aber ich hatte schon immer Spaß an dem, was ich machte, und konnte mit dem Grillen und Filmen einfach nicht mehr aufhören.

Nach einiger Zeit stellten mir Bekannte Fragen, wie man dies oder das am besten auf dem Grill zubereiten kann, und ich stellte fest, dass sich die Fragen oft wiederholten. Daraus entstand schließlich die Idee, auch Grillseminare anzubieten. Da das Vorbereiten und Durchführen der Grillvideos mit allem, was damit zusammenhängt, immer mehr Zeit in Anspruch nimmt, führe ich jedoch kaum noch Seminare durch. Aber ich weiß durch meine Teilnehmer und Teilnehmerinnen, was Griller und Grillerinnen begeistert und welche Fragen ihnen unter den Nägeln brennen.

Vor einigen Jahren hatte ich das große Glück, meinen Freund Andreas dazu bewegen zu können, mich in meinen Videos zu unterstützen. Und weil er schon immer Spaß am Fotografieren hatte, führt er eine weitere Kamera, durch die die Rezeptdarstellung noch lebendiger wurde. Inzwischen ist Andreas aber auch vor der Kamera zu sehen, denn er hat eine tolle Eigenschaft: Weil Andreas aus dem Kaukasus stammt, kennt er richtig gute Rezepte aus der ehemaligen Sowjetunion. Viele davon haben wir bereits verfilmt, und es werden auch sicher noch einige dazukommen!

Seit ca. 3 Jahren heißt es also „wir", wenn ich von „Westmünsterland BBQ" rede. Uns ist besonders wichtig, authentische Rezepte zu zeigen und dabei auch mal über den Tellerrand hinauszuschauen. So haben wir mittlerweile Rezepte aus aller Welt verfilmt und immer versucht, regionale Varianten zu grillen, wie sie in den jeweiligen Ländern zubereitet werden. Auf meinen vielen Reisen konnte ich immer wieder gemeinsam mit den Einheimischen essen, so lernt man nicht nur neue Rezepte kennen, sondern auch das Land und vor allem die Menschen!

In diesem Buch möchten wir euch unsere besten Rezepte vorstellen und wie ihr sie am besten auf eurem Grill zubereiten könnt, egal, ob ihr einen Gasgrill, Kugelgrill, Dutch Oven oder Smoker verwendet.

Vielen Dank für euer Interesse und viel Spaß beim Stöbern und Nachgrillen!

WESTMÜNSTERLAND
BBQ
GRILL
est. 2014
wm-bbq.de
WESTMÜNSTERLAND
BBQ
2014

GRUNDLAGEN

DER KUGELGRILL
DER ALLROUNDER

Wohl kein Grill lässt sich so vielseitig einsetzen wie der Kugelgrill. Wie vermutlich die meisten Griller und Grillerinnen bin auch ich damals mit einem Kugelgrill gestartet, schon alleine weil der Preis im Vergleich zu anderen Grills eher im unteren Segment liegt. Der größte Unterschied zum alten Grill meines Vaters, der leider nur zu besonderen Gelegenheiten im Sommer zum Einsatz kam, ist sicher der Deckel. Damit fängt das eigentliche Grillen nämlich erst an. Der Deckel ist nicht in erster Linie Regenschutz, sondern schafft backofenähnliche Bedingungen für euer Gargut, und das ist oft enorm wichtig!

Der Kugelgrill eignet sich nicht nur zum direkten Grillen, auch indirektes Grillen und Räuchern bei niedrigen Temperaturen ist damit möglich. Eigentlich ist er für alles geeignet, wenn man auf ein paar Ausstattungsmerkmale achtet, wie die Steuerung von Zu- und Abluft, Kohlekästen oder ein Rost, auf den ich auch mal einen Dutch Oven, einen Wok oder einen Kazan stellen kann.

Ob ihr den Kugelgrill mit Kohle oder Briketts befeuert, bleibt natürlich euch überlassen. Briketts haben den Vorteil, dass sie die Hitze etwas gemäßigter, aber dafür für einen längeren Zeitraum abgeben. Bei Kohle ist die Temperatur meist höher, aber dafür auch schneller wieder verglüht. Deswegen kommt es auf das Grillgut an, das ich zubereite. Bei Steaks ist eine hohe Temperatur zum direkten Angrillen wichtig, danach eher gemäßigte Temperaturen. Diese Methode eignet sich also perfekt für Holzkohle. Wenn etwas auf den Grill kommt, das mehr Zeit zum Garen braucht und damit oft auch nur niedrigere Temperaturen, eignen sich Briketts besser.

Achtet aber auch auf die Qualität der Kohle oder Briketts. Bei Kohle ist Discounterware nicht immer das Beste, da sie meiner Erfahrung nach sehr schnell herunterbrennt und oftmals sehr bröselig sein kann. Im Vergleich zu richtigen Holzkohlescheiten tun sich da gerne mal Welten auf. Genauso verhält es sich mit Briketts. Früher habe ich mich zum Beispiel oft über die Brenndauer und den Preis einiger Briketts gefreut. Die Asche war ziemlich gelblich-orange und sehr fein. Irgendwann stellte ich mir die Frage, warum die Asche gelb ist, und erfuhr dann, dass diese Briketts aus Braunkohle gemacht sind. Sie sind zwar entschwefelt, aber offenbar ist noch immer genug Schwefel darin, dass gelbe Asche zurückbleibt. Das war auch das letzte Mal, dass ich diese Briketts gekauft habe. Seitdem greife ich lieber zu Holzkohlebriketts.

GRILLTECHNIKEN MIT DEM KUGELGRILL

DIREKTES GRILLEN

Scherzhaft in der Grillszene auch „Flachgrillen" genannt, weil man den Deckel meist nicht verwendet. Bitte schüttet nicht einen ganzen Sack Kohle oder Briketts in euren Grill. Ihr werdet schnell feststellen, dass die Hitze plötzlich viel zu hoch ist und ihr nicht wisst, wohin mit dem Gargut. Herunternehmen? Mit Bier überschütten? Beides schlecht, weil ihr den Garvorgang unterbrecht und das Ergebnis nachher nicht mehr so ideal sein wird.

Eine bessere Möglichkeit sind daher Kohlekästen. Schüttet sie einfach mit Briketts oder Kohle voll und platziert sie in der Mitte oder auch an der Seite. Da die Kästen (meist zwei) bei Weitem nicht den ganzen Grill ausfüllen, habt ihr dann direkt über den Kohlen/Briketts eine direkte Hitzezone, wo sehr hohe Temperaturen am Gargut wirken. Neben den Kohlekästen ist die Temperatur daher deutlich niedriger. Ob ihr das als Sicherheitszone nutzt oder zum indirekten Garen bei niedrigen Temperaturen, hängt davon ab, was ihr grillt. Falls ihr keine Kohlekörbe habt, könnt ihr das Brennmaterial auch einfach so sparsam an der Seite in den Grill schütten. Das hat denselben Effekt.

Oben und unten am Kugelgrill habt ihr im Idealfall noch Einstellmöglichkeiten für die Ab- und Zuluft. Auch diese haben einen Sinn, aber mehr dazu unter dem Punkt „Smoken".

Was ich persönlich auch sehr wichtig finde, ist, dass der Rost schon vor dem Auflegen vom Grillgut schön heiß ist. So haftet weniger am Rost, und das Ergebnis sieht schöner aus.

INDIREKTES GRILLEN

Das indirekte Grillen kann man in Kombination mit dem direkten Grillen nutzen, funktioniert aber auch solo. Am besten zeigt sich das schöne Ergebnis, wenn ihr etwas in Speck einwickelt und es so indirekt gart. Meist ist alles fertig, wenn der Speck eine schöne Farbe bekommen hat. Das Ergebnis sieht dann nicht nur toll aus, sondern bleibt innen auch schön saftig. Außerdem spart ihr euch das Wenden des Garguts, da die niedrigeren Temperaturen überall gleichmäßig am Fleisch anliegen.

Oft werde ich gefragt, wie hoch denn die Temperatur dafür sein muss. Das ist eigentlich kaum zu beantworten und auch nicht so wichtig. Je nach Grill oder auch Art und Menge des Brennmaterials variiert die Temperatur. Wichtig ist nur, dass es mindestens 80 °C sind. Natürlich sind 120 °C auch nicht schlecht. Steuere ich eine niedrigere Temperatur an, dauert es eben etwas länger. Es gibt natürlich auch Techniken, wo das wichtiger wird, aber hier geht es ja erst einmal um die Grundlagen. Macht euch also nicht verrückt, sondern wartet entspannt ab, was auf dem Grill passiert. Grundsätzlich sind hohe Temperaturen schlimmer als zu niedrige.

Wie grillt ihr nun indirekt? Ich richte mir als Erstes den Grill, wie beim direkten Grillen beschrieben, ein, also das Brennmaterial z. B. auf eine Seite des Grills. Das Gargut lege ich dann so weit wie möglich entfernt davon auf den Rost. Sollte die Temperatur dort dennoch zu hoch sein, könnt ihr an der Stelle den Deckel etwas anheben und so platzieren, dass die Hitze noch durch einen Schlitz in der Nähe des Fleischs entweichen kann. Wichtig ist dabei jedoch, dass ihr den Deckel benutzt und trotz Luftschlitz auf den Grill auflegt.

Stellt die Zu- und Abluft unten am Grill auf eine kleine Öffnung ein, so kommt nicht zu viel Sauerstoff an die Kohlen, was bedeutet, dass die Verbrennung auch nicht zu heiß sein wird. Beachtet jedoch, dass Veränderungen durch Steuerung der Zu- und Abluft nicht sofort eintreten, sondern immer einige Minuten brauchen.

SMOKEN

Der Kugelgrill eignet sich auch sehr gut zum Smoken (Heißräuchern). Hierzu wird ein sogenannter „Minionring“ (Ring aus Briketts) gelegt. Einfach auf dem Kohlerost einen dreiviertel Kreis von Briketts legen. Dazu zwei an den Grillkörperrand nebeneinander und eins darüberlegen. Dann eine Handvoll Räucherchips auf das erste Drittel des Rings verteilen. 5–6 Briketts im Anzündkamin anzünden und warten, bis diese durchgeglüht sind. Nun vorne an ein Ende des Rings die glühenden Briketts anlegen, den Deckel schließen und Abluft am Grill (oben im Deckel) und die Zuluft so steuern, dass die Öffnungen nur einen kleinen Spalt geöffnet sind, um zu gewährleisten, dass nicht viel Sauerstoff in den Grill kommt. So bleibt die Temperatur im Grill bei ca. 110 °C, und ihr könnt bei guten Briketts bis zu 12 Stunden räuchern. Diese Technik könnt ihr zum Beispiel bei den Sparerib-Rezepten auf den Seiten 116 und 118 umsetzen.

DER SMOKER

Ein Smoker ist ein Grillgerät, in dem ich Fleisch über einen langen Zeitraum garen bzw. mürbe machen kann. Das Fleisch bekommt eine besondere Farbe und ein tolles Raucharoma. Das Typische daran ist auch, dass das Fleisch nicht direkt über oder neben der Hitzequelle liegt, sondern in einer separaten Kammer, dem Garraum. Ein Smoker hat üblicherweise eine Brennkammer, die mit Holz oder manchmal auch mit Kohle befeuert wird, sowie den Garraum. Der heiße, in der Brennkammer erzeugte Rauch zieht durch eine Öffnung in den Garraum und umströmt das Gargut, welches dadurch langsam gegart wird. Der Rauch entweicht durch einen angebrachten Schornstein. Diese Grilltechnik nennt man auch „low and slow", eben weil man bei niedrigen Temperaturen langsam gart.

Entwickelt wurde diese Garmethode von den ehemaligen Sklaven und Sklavinnen in den USA. Diese bekamen durchaus auch Fleisch zur Zubereitung, allerdings lediglich das minderwertigere. Das waren Stücke mit viel Kollagen, also zum Kurzbraten nicht geeignetes Fleisch. Dieses musste dementsprechend lange gegart werden, um es weich zu bekommen. Damals noch in Erdöfen mit demselben Prinzip, heute eben über die Weiterentwicklung – den Smoker.

Typische Temperaturen im Smoker sind 90–120 °C, in Ausnahmefällen auch schon mal bis 160 °C. Das bedeutet zwar, dass eine Kruste am Fleisch nicht zu erwarten sein wird, wie beim direkten Grillen, dafür bekommt ihr aber herrlich mürbes, zartes Fleisch.

Ich befeuere meinen Smoker übrigens ausschließlich mit Buchenholz. So erhalte ich das beste Ergebnis. Die Wahl der Holzart ist allerdings auch immer stark von dem abhängig, was wo wächst und wie gut es verfügbar ist. In den USA sind es oft Hickory oder Mesquite, hier bei uns eben Buche, Eiche, Birke (ohne Rinde wegen der Harze) oder auch Obsthölzer. Ganz köstlich wird es dann mit Olivenbaumholz, aber sicher auch ziemlich teuer.

Wenn ihr euch einen neuen Smoker kaufen möchtet, gibt es einiges zu beachten. Zum einen das Material und dessen Stärke. Stahl in einer Stärke von 5 mm ist da ein gutes Preis-Leistungs-Verhältnis. Auch das Verhältnis von Aufheizdauer und Hitzespeicherung ist hier gut. Alles unter 5mm funktioniert sicher ebenfalls, ist aber eben nicht so effizient. Alles darüber ist auch in Ordnung, braucht aber etwas länger zum Aufheizen. Mein eigener Offset-Smoker (so wird die klassische Lokomotive auch genannt) hat eine Stärke von 6,2 mm, und ich bin damit sehr zufrieden.

Die Temperatursteuerung an einem Smoker ist relativ einfach. Relativ, weil Veränderungen nie sofort erfolgen können, sondern immer einige Minuten benötigen. Die Temperatur wird durch die Menge des brennbaren Materials und die Hinzugabe oder Wegnahme von Sauerstoff geregelt. An der Seite ist eine kleine Klappe, die sich öffnen oder schließen lässt. Ist die Klappe weit offen, bedeutet das, dass viel Sauerstoff in den Smoker strömen kann und die Verbrennung schneller erfolgt. Ergo: höhere Temperatur im Garraum. Diese Veränderungszeit müsst ihr immer mit einkalkulieren, wenn ihr den Smoker benutzt. Sprich, rechtzeitig Holz nachlegen, bevor es komplett heruntergebrannt ist, und die Temperatur genau beobachten. Aber das braucht alles nur ein wenig Übung und klappt schnell.

DER DUTCH OVEN

Wer hat ihn nun erfunden? Die Niederländer, die Amerikaner oder die Deutschen? Der Name des Geräts gibt den Hinweis und auch doch nicht.

Der Dutch Oven ist ein gusseiserner Topf mit meist 3 Füßen, Henkel und einem Gusseisendeckel. Schon lange vor uns nutzten unsere Vorfahren solche Geräte. Der Begriff Oven kommt daher, dass man ihn wie einen Ofen nutzen kann, zum Beispiel für das Backen von Brot.

Geprägt wurde der Name Dutch Oven auf jeden Fall in den USA. Die Einwanderergruppe namens „Pennsylvania Deutsch", die es sogar heute noch gibt, fielen im 19. Jahrhundert vor allem durch ihre Gusstöpfe und die herrlichen daraus gezauberten Speisen und Brote auf. Übrigens sollen sich neben den Deutschen auch Niederländer und Niederländerinnen unter den Pennsylvania Deutsch befunden haben. Die Umbenennung zu „Pennsylvania Dutch" erfolgte dann aber nicht aufgrunddessen, sondern weil der Name für die englischsprachige Bevölkerung so leichter auszusprechen war. Eigentlich müsste der Dutch Oven, in dem wir heute kochen, also „Deutsch Oven" heißen. In den Niederlanden selbst ist der Gusseisentopf allerdings eher als „Potje" bekannt.

Der Dutch Oven ist zwar vielseitig einsetzbar, aber wie wird nun damit gegrillt oder gekocht? Es gibt ihn in den unterschiedlichsten Größen. Hat man einen, werden schnell mehrere daraus, weil man seinen Spaß daran haben wird. Man kann ihn übers Feuer hängen oder auch in die Glut stellen. Man kann Briketts darunter und auf den Deckel legen (daher die Füße). Es stört ihn nicht, wenn man ihn in den Backofen oder auf den Grill stellt, da es ihm egal ist, wo die Hitze herkommt. Nicht zuletzt ist er auch relativ günstig.

Das Prinzip der Zubereitung ist meist gleich. Fleisch und Gemüse anrösten, Gewürze hinzufügen, Flüssigkeit rein, Deckel drauf und warten. Das klingt nicht nur einfach, sondern ist auch wirklich kein Hexenwerk. Und vor allem die Schmorergebnisse sprechen meist für sich.

DER GASGRILL

Der Flexible. Von Menschen, die eher weniger grillen, kommt schnell der Einwand, dass es vom Gasgrill nicht so gut schmeckt wie vom Kohlegrill. Dem entgegne ich immer Folgendes: Wenn das Fleisch nach Kohle schmeckt, hat man etwas falsch gemacht. Tatsächlich schmeckt man keinen Unterschied zwischen Gas und Kohle. Gegrillt wird ja mit der thermischen Strahlung, also mit Hitze. Wodurch sie erzeugt wird, ist egal. Das merkt das Fleisch nicht. Auch die Kohlen im Kohlegrill lasse ich durchglühen, bevor ich mein Grillgut auflege. Die Kohlen rauchen dann auch kaum noch. Generell ist die Gardauer auf dem Kohlegrill meist nicht dazu geeignet, ein Raucharoma entstehen zu lassen. Dieses kommt außerdem vom Holz und nicht von der Kohle. Und mit Zugabe von Holz kann ich auch im Gasgrill ein leichtes Raucharoma schaffen. Aber zugegeben, es ist schon romantisch, wenn die Kohlen durchglühen und es nach brennender Holzkohle duftet.

Aber ein Gasgrill ist so schön flexibel ... und groß ... und männlich. So ist es für viele einfach cooler, ein großes glänzendes Gerät zu haben, das auf Knopfdruck Fleisch garen kann. Sicher spielt da auch der Neidfaktor eine Rolle, aber letztendlich ist er sehr flexibel einsetzbar und leicht zu bedienen. Schwieriger wird es allerdings, wenn man einen sehr günstigen Gasgrill hat und merkt, dass der nicht auf Temperatur kommt und das Fleisch mehr oder weniger vor sich hindümpelt, statt schnell ordentliche Krusten zu bekommen. Da wäre dann vermutlich der Kohlegrill doch wieder besser. Weiterhin kann ich mit einem Gasgrill relativ einfach verschiedene Hitzezonen im Grill schaffen und die Temperatur recht genau steuern und kontrollieren. Die Ausstattung eines Gasgrills ist sehr unterschiedlich. Mir ist wichtig, dass er einen Seitenbrenner hat. Auf diesem kann ich eine Pfanne, einen Topf oder auch einen Dutch Oven stellen und parallel braten oder kochen. Ein Heckbrenner ist eine schöne Sache, wenn man ihn hat, aber nicht zwingend notwendig. Ich nutze ihn eher selten, aber wie heißt es so schön: Besser haben als brauchen. Wichtig ist für mich noch, dass ich eine große Gasflasche im Grillgehäuse verstauen kann. Das erspart häufiges Wechseln und ist preisgünstiger. Schubladen am Gasgrill sind toll, aber auch nicht zwingend notwendig. Genau wie ein Licht im Grill. Wobei ich persönlich natürlich auch viel in der dunklen Jahreszeit grille und dann nicht ständig mit der Handytaschenlampe nachsehen muss, wie weit mein Gargut ist.

Zusammenfassend sind beim Grillen mit dem Gasgrill sicher zwei Dinge enorm wichtig: Leistung und Haltbarkeit! Wenn diese beiden Eigenschaften stimmen, habt ihr auf jeden Fall lange Spaß am Gasgrillen.

WICHTIGES ZUBEHÖR BEIM GRILLEN

THERMOMETER

Das wichtigste Tool, wenn man den Garpunkt von Fleisch exakt bestimmen will. Gerade bei dickeren Steaks ist es schwer, den abzuschätzen. Das Thermometer, am besten mit mehreren kabelgebundenen oder kabellosen Fühlern, eignet sich auch, um den Garraum des Grills oder mehrere Stücke Fleisch kontrollieren zu können. Kauft euch nicht das teuerste, die günstigen funktionieren meistens auch sehr gut. Ob ihr eins mit App-Anbindung oder weiteren lustigen Features haben wollt, bleibt natürlich euch überlassen. Ich habe ein preislich nicht allzu teures Thermometer, welches aber die Temperatur möglichst exakt anzeigt. Das reicht mir.

GRILLZANGEN

Zu dem Begriff Grillzangen zähle ich hier mal ein komplettes Set, also mit Zange, Grillspatel und -bürste. Die sind zum Arbeiten und zum Reinigen absolut unerlässlich. Wenn ihr eine neue Grillzange sucht, wählt eine, die stabil ist und am besten zumindest eine flache Greiffläche hat, sodass man auch gut unter das Gargut greifen kann.

HANDSCHUHE

Ich habe zahlreiche Handschuhe verschiedenster Hersteller. Aber ich vergesse trotzdem häufig, wie schnell sich der Griff einer Gusseisenpfanne aufheizt und greife ohne Handschuh danach. Das ist Lehrgeld! Aber im Ernst, ein paar Grillhandschuhe sind schon sinnvoll. Gerade, wenn man Gusseisen, wie eine Pfanne oder einen Dutch Oven, benutzt. Oder aber auch Spieße anfassen will. Beim Material bevorzuge ich mittlerweile Stoffhandschuhe statt Leder. Die sind flexibler und vor allem waschbar.

GUSSEISENPFANNE

Die gehört ebenfalls zum wichtigsten Zubehör. Ich bereite einen nicht unerheblichen Teil meiner Rezepte darin zu. Selbst, wenn ich „nur" Burger grille, in der Pfanne kann man schnell mal Zwiebeln anrösten oder Speck anbraten.

REINIGER

Das leidige Thema Grill putzen … Ich sage ja immer, dass das Gerät „Grill“ heißt und nicht „Putz“, aber ein guter Reiniger, kombiniert mit einer Edelstahlpflege, ist da schon sinnvoll, damit der Grill auch lange schön bleibt. Zumindest, was den Gasgrill angeht. Die Kugel reinige ich meist mit Wasser und Spülmittel. Den Smoker reinige ich von außen nur mit Wasser und sprühe ihn mit Lebensmittelöl ein, wenn er noch heiß ist. Das brennt sich schön ein, sodass eine Schutzschicht gegen Regen entsteht. Auch einen Dutch Oven sollte man ganz weit weg von Reinigern stellen. Hier nur mit Wasser reinigen, da sonst die gewollte und sorgfältig eingebrannte Schutzschicht zerstört werden kann.

Bei den Rezepten in diesem Buch findest du immer kleine Icons, die dir anzeigen, wie du das Gericht am besten zubereiten kannst. Oft sind mehrere Icons an einem Rezept – hier führen mehrere Wege zum gewünschten Ergebnis. Wenn du zum ersten (oder zweiten) Mal mit dem entsprechenden Gerät grillst, lies dir am besten noch mal kurz die entsprechende Übersicht dazu (Seiten 12–22) durch, bevor du startest.

Für den besseren Überblick findest du hier eine Zusammenfassung der Icons bzw. die Grilltechniken, die ich für die Rezepte verwendet habe oder empfehlen kann.

Gusseisenpfanne auf Gasgrill

Dutch Oven

Gasgrill

Smoker

Kugelgrill

REZEPTE

KAPITEL 1

FINGERFOOD

BACON CHILI POPPERS

Dieses Fingerfood hat's in sich und gehört zu meinen absoluten Favoriten. Da Jalapeños aber mal mehr, mal weniger scharf sind, kann das Verköstigen durchaus wie russisches Roulette sein. Aber vielleicht gibt es dem Ganzen auch den besonderen Kick, wenn man nicht genau weiß, ob es scharf wird oder nicht.

ZUTATEN

FÜR CA. 20 STÜCK

20 Jalapeños

200 g Cheddar

200 g Frischkäse

40 Streifen Frühstücksspeck

Wer es lieber milder mag, kann die Jalapeños einfach durch Snackpaprika ersetzen.

ZUBEREITUNG

1. Schneide die oberen Enden der Jalapeños ab. Mit einem kleinen Löffel die 3 Stege in den Jalapeños durchtrennen und das Innere herauslösen, sodass du sie befüllen kannst.

2. Den Cheddar reiben und mit dem Frischkäse gut vermischen. Anschließend in die Jalapeños geben. Ggf. mit einem Teelöffelende etwas nachdrücken, um mögliche Luftblasen noch mit Käse zu befüllen. An der Öffnung glatt streichen.

3. Jede befüllte Jalapeño hochkant mit einer Scheibe Speck umwickeln, sodass die Öffnung bedeckt ist (das ist wichtig, damit so wenig Käse wie möglich herauslaufen kann). Einen zweiten Speckstreifen quer um die Jalapeños wickeln, sodass man ein kleines Paket erhält. Der Speck klebt schon gut zusammen, sodass weiteres Fixieren nicht notwendig ist.

4. Den Grill auf indirektes Grillen vorbereiten. Die Jalapeños in den indirekten Bereich auf den Grill legen und ca. 20 Minuten warten, bis der Speck fertig ist. Die Jalapeños musst du dabei nicht wenden.

5. Fertig sind die Bacon Chili Poppers! Aber Vorsicht, der geschmolzene Käse ist heiß!

BRATWURST BURNT ENDS

Burnt Ends gehören eigentlich zum Beef Brisket und beschreiben den oberen Teil des Briskets, den „Point“. Dieser benötigt mehr Garzeit als das untere „Flat“. Darum wird der Point gerne in Würfel geschnitten und separat zubereitet. Für alle, die keine Zeit und Lust für ein 20-stündiges Brisket haben, habe ich mir eine Variante mit Bratwürstchen ausgedacht.

ZUTATEN

FÜR 6 PORTIONEN

6 rohe Bratwürste

2 EL Rub
(am besten mit Paprika)

4 TL Butter

20 ml Worcestersauce

30 g Vollrohrzucker
(alternativ brauner Zucker)

2 EL Honig

250 ml BBQ-Sauce

ZUBEREITUNG

1. Die Würstchen bei ca. 100–120 °C in den Smoker legen und für 90 Minuten räuchern. Anschließend in ca. 3–4 cm lange Stücke schneiden und in eine feuerfeste Schale geben. Die Würste mit etwas Rub bestreuen, sodass auf jedem Wurststück etwas liegt. Die Butter teelöffelweise darübergeben. Anschließend Worcestersauce darüber verteilen und den Zucker dazugeben. Zum Schluss den Honig und die BBQ-Sauce über den Würstchen verteilen.

2. Noch einmal bei 150–160 °C in den Smoker und das Ganze für 35–45 Minuten köcheln lassen. Dabei ab und zu umrühren. Zum Servieren ggf. jedes Wurststück mit einem Zahnstocher aufspießen.

Wer keinen Rauchgeschmack mag, kann statt dem Smoker auch den Gas- oder Kugelrill benutzen. In dem Fall würde ich die Würstchen dort zunächst angrillen.

GARLIC FRIES
POMMES MIT KNOBLAUCH

Als ich das erste Mal von den amerikanischen Garlic Fries gehört habe, war ich total fasziniert und musste sie ausprobieren. Auch meine Kinder waren sofort hin und weg!

ZUTATEN

FÜR 1 PORTION

4 festkochende Kartoffeln

100 ml Essig

1 EL Speisestärke

Öl zum Frittieren

50 g Butter

1 Knoblauchzehe

Salz

etwas Petersilie zum Garnieren

50 g Parmesan
(alternativ Grana Padano)
zum Garnieren

Mit dieser Zubereitungsart der Kartoffeln kannst du übrigens auch super normale Pommes machen.

ZUBEREITUNG

1. Kartoffeln schälen. Wer es rustikaler mag, kann die Schale dranlassen. Schneide dann aber die Schadstellen und Augen aus den Kartoffeln heraus, da sich dort die meisten Schadstoffe befinden.

2. Die Kartoffeln in grobe Streifen schneiden und in eine Mischung aus Essig und 1 l Wasser geben und 45 Minuten ziehen lassen. Dabei zieht der Essig schon einiges an Stärke heraus, und die Pommes werden fluffiger. Anschließend gut trocken tupfen und mit der Stärke vermischen. Es klingt vielleicht komisch, dass man den Kartoffeln zunächst Stärke entzieht und anschließend wieder hinzufügt, aber es ist wichtig, dass in den Kartoffeln weniger Stärke als außen vorhanden ist. So werden sie schön kross.

3. Dann die Kartoffelstäbchen für ca. 4 Minuten bei 150 °C vorfrittieren. Nach dem Frittieren die Pommes auf Küchenkrepp abtropfen und abkühlen lassen.

4. Inzwischen kannst du dich schon der Butter widmen. Diese lasse ich z. B. in einer Pfanne auf dem Seitenbrenner schmelzen. Die Temperatur sollte dabei nicht zu hoch sein. Den Knoblauch schälen, in die Butter pressen und leicht anrösten.

5. Dann die Pommes bei ca. 180–190 °C für 2–3 Minuten ein zweites Mal frittieren. Herausnehmen und erneut vom überschüssigen Fett befreien. Nun noch salzen und mit der Knoblauchbutter übergießen.

6. Die Petersilie waschen, trocken schütteln und grob hacken. Den Parmesan reiben und zusammen mit der Petersilie über die Pommes geben und alles gut vermischen.

HACKBRÖTCHEN MIT CHIMICHURRI

Ich kenne überbackene Hackbrötchen schon seit meiner Kindheit. Meine Mutter bereitete sie immer zu, wenn es mal schnell gehen musste. Dieses Gericht ist so lecker, wie es einfach ist. Ich habe die Version etwas aufgepeppt und ein leckeres Chimichurri dazu gemacht. Jetzt ist es eine Geschmacksexplosion!

ZUTATEN

FÜR 6 BRÖTCHENHÄLFTEN

1 rote Zwiebel

500 g gemischtes Hackfleisch

Salz, Pfeffer

1 EL edelsüßes Paprikapulver

3 Aufbackbrötchen

6 dickere Scheiben Gouda

6 EL Chimichurri (siehe S. 98)

ZUBEREITUNG

1. Die Zwiebel schälen, in kleine Würfel schneiden und zum Hackfleisch geben. Die Masse salzen, pfeffern und das Paprikapulver hinzugeben. Durchkneten, bis sich alles vermischt hat.

2. Die Aufbackbrötchen halbieren. Alternativ könnt ihr auch Brötchen vom Bäcker nehmen und die Krume etwas eindrücken, damit ihr eine kleine Mulde bekommt. Bei Aufbackbrötchen funktioniert diese Technik nicht, da sie dafür zu fest sind.

3. Die Brötchenhälften mit Gouda belegen und die Hackfleischmischung darauf verteilen. Ich achte immer darauf, dass auch die Ränder mit Hackfleisch bedeckt sind, da sie sonst schnell anbrennen können.

4. Die Brötchen mit der Fleischseite auf den Grill legen und bei mittlerer Temperatur direkt angrillen. Nach einigen Minuten sollte das Hackfleisch schöne Grillstreifen haben. Dann in die indirekte Zone legen und weitere 5 Minuten grillen, bis das Hackfleisch durch ist.

5. Anschließend mit Chimichurri beträufeln und genießen.

SOUR CREAM WEDGES

Welche Beilage passt am besten zu Gegrilltem? Natürlich DER amerikanische Dip schlechthin und knusprige Kartoffelecken. Bei uns mittlerweile ein Muss, wenn wir Besuch haben und mal etwas vielfältiger grillen.

ZUTATEN

FÜR 1 BACKBLECH

800 g–1 kg festkochende Kartoffeln

Salz, Pfeffer

edelsüßes Paprikapulver

5 EL Olivenöl

400 g Quark

200 g Schmand

3 EL Weißweinessig

1 EL Zucker

etwas Zitronensaft

2 Knoblauchzehen

½ Zwiebel

1 kleines Bund Schnittlauch

ZUBEREITUNG

1. Die Kartoffeln waschen und achteln, sodass die typischen Ecken entstehen. Anschließend mit Salz, Pfeffer und Paprikapulver bestreuen und vermengen. Mit dem Olivenöl beträufeln, sodass alle Kartoffelstücke leicht feucht sind. Erneut vermischen und auf einem mit Backpapier ausgelegten Backblech verteilen. In die indirekte Zone des Grills stellen (alternativ in den Backofen bei 180 °C) und für 30–40 Minuten, je nach Dicke der Kartoffeln und Temperatur im Grill, garen, bis sie goldbraun und knusprig sind.

2. Während des Garens der Kartoffeln kann man prima die Sour Cream machen. Hierzu den Quark mit dem Schmand vermischen. Je 1 Prise Salz und Pfeffer sowie Essig, den Zucker und ein paar Spritzer Zitronensaft hinzugeben. Die Knoblauchzehen schälen und pressen. Die Zwiebel schälen und fein würfeln. Beides in die Creme geben. Zum Schluss noch den Schnittlauch waschen, trocken schütteln und in feine Röllchen schneiden. Dazugeben und alles gut verrühren. Zusammen mit den fertigen Kartoffeln servieren.

TÜRKISCHE BÖREK

Wenn ihr einen türkischen Supermarkt in der Nähe habt, solltet ihr unbedingt mal dort stöbern. Das vielfältige Angebot begeistert mich immer wieder! Dort bekommt ihr auch die Yufka-Blätter, mit denen man die Zigarren-Börek macht. Zigarren, weil sie so aussehen. Füllen kann man sie vielfältig, ich zeige euch mal die gängigsten 3 Varianten.

ZUTATEN

FÜR 25–30 STÜCK

FÜR DIE YUFKA-BLÄTTER

125 ml Milch

125 ml Sonnenblumenöl

1 Ei (Größe M)

25–30 Yufka-Blätter

Öl zum Frittieren

Die Börek schmecken übrigens auch prima kalt.

ZUBEREITUNG

VORBEREITEN DER YUFKA-BLÄTTER

1. Milch, Sonnenblumenöl und das Ei vermischen. Die Yufka-Blätter damit bestreichen. Ich lasse die Yufka-Blätter dafür immer übereinandergestapelt liegen und bestreiche und fülle immer nur das oberste, so bleiben die Blätter darunter heil.

2. Im breiteren Bereich der Blätter einen Streifen der Füllung (die Rezepte für die Füll-Varianten findest du auf der folgenden Seite) nach Wahl auf das Blatt geben. Ränder unbedingt frei lassen. Klappt dann zunächst den rechten und linken Rand nach innen über die Mischung und rollt die Blätter der Länge nach bis hin zur Spitze zusammen, sodass zigarrenförmige Röllchen entstehen.

3. Öl in eine Pfanne oder den Dutch Oven geben und auf ca. 170 °C erhitzen. Die Börek im heißen Öl portionsweise anbraten, bis sie goldbraun und knusprig sind.

→

TÜRKISCHE BÖREK

FÜLLUNGS-VARIANTEN

ZUTATEN

FÜR DIE FLEISCHFÜLLUNG

1 rote Zwiebel

Öl zum Braten

500 g Rinderhackfleisch

1 TL Salz

je ½ TL Pfeffer,
gemahlener Kreuzkümmel,
getrockneter Thymian

2 Knoblauchzehen

2–3 EL Paprikamark

½ Bund Petersilie

FÜR DIE KARTOFFELFÜLLUNG

3 Kartoffeln

2 grüne Spitzpaprika

1 Frühlingszwiebel

2 Knoblauchzehen

Salz, Pfeffer

FÜR DIE KÄSEFÜLLUNG

Hirtenkäse (55 % Fett)

2 Knoblauchzehen

½ Bund Petersilie

Pfeffer

ZUBEREITUNG

VARIANTE 1 – MIT FLEISCH

Eine Pfanne auf dem Seitenbrenner oder über direkter Hitze auf dem Grill erhitzen. Währenddessen die Zwiebel schälen und fein würfeln. Etwas Öl in die heiße Pfanne geben und anschließend das Hackfleisch mit der roten Zwiebel krümelig anbraten. Salz, Pfeffer, Kreuzkümmel und Thymian hinzugeben. Die Knoblauchzehen schälen und dazupressen. Wenn das Hackfleisch angebraten ist, das Paprikamark unterrühren und ca. 1 Minute mit anbraten. Zum Schluss die Petersilie waschen, trocken schütteln, grob kleinschneiden und in das Hackfleisch geben.

VARIANTE 2 – MIT KARTOFFELN

Die Kartoffeln schälen und in ausreichend Wasser gar kochen, anschließend kleindrücken oder stampfen. Die Spitzpaprika halbieren, putzen, waschen und anschließend klein hacken. Die Frühlingszwiebel putzen, waschen und in feine Ringe schneiden. Mit den Paprikawürfeln zu den Kartoffeln geben. Knoblauchzehen schälen, dazupressen und die Füllung nach Geschmack salzen und pfeffern.

VARIANTE 3 – MIT KÄSE

Den Hirtenkäse in eine Schale bröseln oder mit einer Gabel zerdrücken. Knoblauchzehen schälen, durch eine Presse geben und hinzufügen. Die Petersilie waschen, trocken schütteln, fein hacken und dazugeben. Die Mischung pfeffern und alles gut miteinander vermischen.

Am besten legst du die Börek mit der Nahtstelle nach unten in den Dutch Oven oder die Pfanne – dann kann sich nichts aufrollen.

KÄSE HACKBÄLLCHEN

Hast du dich auch schon gefragt, wie viel Käse in ein Fleischbällchen passt? Das Ergebnis dieser Frage sind diese Bällchen, die knusprig, fluffig und so unglaublich lecker sind. Absolute Suchtgefahr! Dazu empfehle ich einen Dip aus gleichen Teilen Sriracha-Mayonnaise und BBQ-Sauce.

ZUTATEN

FÜR CA. 22 BÄLLCHEN

200 g Cheddar

200 g Mozzarella

1 Zwiebel

2 Knoblauchzehen

3 EL Rub (z. B. Magic Dust)

1 kleines Bund Petersilie

500 g gemischtes Hackfleisch

2 Eier (Größe M)

etwas Mehl zum Panieren

etwas Panko zum Panieren

Öl zum Frittieren

ZUBEREITUNG

1. Den Käse fein würfeln und in eine Schüssel geben. Die Zwiebel schälen und in kleine Würfel schneiden, den Knoblauch schälen, pressen und beides ebenfalls in die Schüssel geben. Das Ganze mit dem Rub würzen. Petersilie waschen, trocken schütteln, hacken und mit dazugeben. Das Fleisch hinzufügen und alles kräftig kneten. Anschließend golfballgroße Kugeln formen.

Nun bereiten wir unsere Panierstraße vor, indem wir 3 Schalen nutzen, auf die wir separat Eier, Mehl und Panko verteilen. Die Eier mit einer Gabel schlagen, sodass eine homogene Masse entsteht. Die Bällchen zuerst in Mehl wälzen, dann in den geschlagenen Eiern und zum Schluss im Panko. Anschließend die Kugeln in ca. 180 °C heißem Öl frittieren.

MOINK BALLS

Moink Balls gehören zu den Grillklassikern schlechthin. Weil sie so schön einfach zu machen sind und auch super schmecken. „Moink“ kommt von „Moo“ und „Oink“, also die Ausrufe von Rind und Schwein, weil klassischerweise Moink Balls aus Rinderhackfleisch und Speck bestehen. Dieses Rezept ist super für fast alle Grillarten. Wenn ihr es auf dem Smoker zubereitet, dann gibt es zusätzlich noch ein tolles Raucharoma.

ZUTATEN

FÜR CA. 15 STÜCK

250 g Gouda

1 Knoblauchzehe

1 kleine Zwiebel

2 EL Rub (z. B. Magic Dust)

500 g Rinderhackfleisch

30 Streifen Frühstücksspeck

etwas BBQ-Sauce

AUSSERDEM

Holzspieße

Dies ist ein Rezept, bei dem man nicht so genau auf die Uhr schauen muss. Ein guter Indikator, wann die Kugeln fertig sind, ist der Speck. Wenn der bei indirekter Hitze gar ist, dann sind es die Moink Balls auch.

ZUBEREITUNG

1. Den Grill auf indirekte Hitze vorheizen.

2. Den Käse in ca. 1,5–2 cm große Würfel schneiden. Knoblauch und Zwiebel schälen und fein hacken. Zusammen mit dem Rub und dem Hackfleisch vermischen und etwas durchkneten, damit die Hackmasse besser zusammenhält.

3. Etwas Hackfleisch in die Hand nehmen und leicht flach drücken. Dann einen Würfel Käse in die Mitte legen und das Hackfleisch darum formen, sodass eine kleine Kugel entsteht. Anschließend 1 Scheibe Frühstücksspeck längs und 1 weitere Scheibe hochkant um die Kugel wickeln.

4. Die Bällchen in die indirekte Zone auf den Grill legen. Nach ca. 20 Minuten sieht man, dass der Speck etwas anzieht. Nun mit BBQ-Sauce einpinseln und weitere 10 Minuten grillen. Je einen Holzspieß in einen Moink Ball stecken und servieren.

PIG SHOTS

Pig Shots sind kleine Kunstwerke und echte Geschmacksbomben. Das liegt an der Kombination aus Käse, Speck und Zwiebeln. Das passt immer! Wer vor ein wenig Fummelarbeit keine Angst hat, wird auch mit einem tollen Geschmack belohnt.

ZUTATEN

FÜR 20 STÜCK

2 dickere Bockwürste

100 g Cheddar

1 rote Zwiebel

10 Scheiben geräucherter durchwachsener Speck

100 g Frischkäse

6 TL Rub nach Wahl

etwas BBQ-Sauce

AUSSERDEM

Zahnstocher

ZUBEREITUNG

1. Den Grill auf indirekte Hitze vorheizen.
2. Zunächst die Wurst in ca. 1cm dicke Scheiben schneiden. Den Cheddar ebenfalls in ca. 1cm große Würfel schneiden. Die rote Zwiebel schälen und fein würfeln.
3. Die Speckstreifen halbieren, unten um die Scheibe Wurst wickeln und mit einem Zahnstocher fixieren, indem du quer durch Speck und Wurst stichst. So erhälst du kleine Förmchen. Die Wurstscheibe ist der Boden und der Speck die Wände des Förmchens. In diese gibst du dann einen Käsewürfel. Den Frischkäse mit dem Rub vermischen und in die Förmchen geben. Obendrauf noch einige Zwiebelwürfelchen streuen.
4. Die Pig Shots in die indirekte Zone des Grills geben und garen, bis der Speck fast gar ist. Dann die Shots mit BBQ-Sauce einpinseln und weitere 5–10 Minuten garen.

LAUCH PATRONEN

Cannelloni fand ich irgendwie langweilig, aber die Form gefiel mir immer super gut. Also habe ich einfach etwas mit Geschmack ausgewählt, und mein Fleisch da reingepresst. Besser als Cannelloni, glaub's mir.

ZUTATEN

FÜR CA. 10–12 PATRONEN

2 Knoblauchzehen

1 mittelgroße rote Paprika

120 g Gouda

500 g gemischtes Hackfleisch

1 Ei (Größe M)

Salz, Pfeffer

1 Stange Lauch

30–36 Streifen Frühstücksspeck

etwas BBQ-Sauce

ZUBEREITUNG

1. Den Grill oder Smoker auf indirekte Hitze vorheizen.
2. Um die Füllung vorzubereiten, schälst du den Knoblauch und gibst ihn durch eine Presse. Die Paprika halbieren, putzen, waschen und in feine Würfel schneiden. Den Gouda ebenfalls klein schneiden. Alles zusammen mit dem Hackfleisch vermischen und das Ei sowie Salz und Pfeffer hinzugeben.
3. Anschließend den Lauch waschen und vom unteren Ende her in ca. 10 cm große Stücke schneiden. Anschließend mit dem Finger die einzelnen Ringe herauspressen. In diese füllst du die Hackfleischmasse bis zum Rand. Die erste Scheibe Speck kommt hochkant um den Lauch, damit die Enden abgeschlossen sind. Dann die nächste Scheibe, an einem Ende anfangend, spiralförmig um den Lauch wickeln, bis du wieder unten angekommen bist.
4. Die Patronen in den indirekten Bereich legen, bis der Speck nach ca. 20–25 Minuten fast gar ist. Dann die Patronen mit BBQ-Sauce einpinseln und weitere 5–10 Minuten garen.

BACON MAISKOLBEN

Als Beilage oder auch als Fingerfood sind Bacon-Maiskolben super. Sie sind so herrlich leicht zu machen, und auch meine Kinder lieben sie.

ZUTATEN

FÜR 2 MAISKOLBEN

2 Pck. Frühstücksspeck (ca. 240 g)

1 EL Rub (z. B. Magic Dust)

3 Scheiben Käse nach Wahl

2 Zuckermaiskolben

etwas BBQ-Sauce

ZUBEREITUNG

1. Den Grill auf indirekte Hitze vorheizen.

2. Speck in der Breite eines Maiskolbens auslegen, sodass die Streifen vertikal liegen, der Kolben aber nachher horizontal gut darauf passt. Da wir auf dem Speck eine ganze Umdrehung mit dem Mais schaffen müssen, legst du jetzt noch eine Lage Speck überlappend vor die erste, sodass die Fläche etwas vergrößert wird. Den Speck nun mit etwas Rub würzen und 1,5–2 Scheiben Käse darauflegen. Lass vorne und hinten noch ein wenig Platz, damit der Speck zusammenkleben kann und kein Käse im Weg ist.

3. Den Maiskolben über den Speck rollen und den Speck eng um den Mais wickeln. Den zweiten Maiskolben ebenso zubereiten.

4. Die Pakete in die indirekte Zone des Grills legen und ca. 20 Minuten garen, bis der Speck gar ist. Anschließend den Maiskolben mit BBQ-Sauce einpinseln und weitere 5–10 Minuten garen.

BACON-ONION CORN DOGS

Die Amerikaner lieben ihre Corn Dogs. Ein einfacher schneller Mais-Snack: Man tunkt ein Hotdog-Würstchen in Teig und frittiert es dann. Ich habe mir mal erlaubt, das zu optimieren.

ZUTATEN

FÜR 20 STÜCK

10 Streifen Frühstücksspeck
2 Eier (Größe M)
450 ml Buttermilch
3 EL Öl
1 Tüte Zwiebelringe (80 g)
50 g Maismehl
130 g Weizenmehl (Type 405)
½ Pck. Backpulver
1 EL Rub (z. B. Magic Dust)
Salz
20 Hotdog-Würstchen

AUSSERDEM

Öl zum Frittieren
Schaschlikspieße
etwas BBQ-Sauce

ZUBEREITUNG

1. Den Dutch Oven mit Öl befüllen (ca. 10 cm hoch) und auf eine Temperatur von ca. 180 °C erhitzen.

2. Als Erstes den Speck garen. Wenn ich den Grill nicht benötige, mache ich das gerne in der Mikrowelle. Da wird er auch schnell schön knusprig. Einfach die Speckstreifen nebeneinander zwischen je 2 Tücher Küchenkrepp auf einen Teller legen und 3–4 Minuten bei ca. 700–900 Watt garen. Fertig. Den Speck musst du dann nur noch abkühlen lassen und fein hacken.

3. Für den Teig die Eier mit der Buttermilch und dem Öl verrühren. Bevor das Mehl dazugegeben wird, die Tüte Zwiebelringe an einer Seite öffnen und dann den Inhalt klein kneten, anschließend mit einem Nudelholz über die Tüte rollen, bis Pulver entsteht. Beide Mehlsorten, das Zwiebelringpulver und das Backpulver, den Rub und etwas Salz mit dem Speck vermischen.

4. Nun spießt du eine Hotdog-Wurst auf einen Schaschlikspieß und tunkst sie in den Teig. Es hilft, den Teig vorher in ein hohes Glas zu gießen, damit die Würstchen gleichmäßig in Teig getaucht werden können. Dann die Corn Dogs im heißen Öl goldbraun ausbacken. Nach dem Herausnehmen mit BBQ-Sauce garnieren.

FRIED PICKLES

Pickles? Sind das nicht eingelegte Gurken? Die kann man frittieren? Als ich das erste Mal etwas von diesem Südstaaten-Snack gehört habe, war ich ziemlich gespannt, wie das wohl schmeckt. Zusammen mit einem Ranch-Dip sind Fried Pickles richtig gut. Schon die Zubereitung macht Spaß!

ZUTATEN

FÜR 4 PORTIONEN

Öl zum Frittieren

300 g Mehl (Type 405)

1 TL Paprikapulver

½ TL Pfeffer

1 gestr. TL Backpulver

1 Ei (Größe M)

300 ml Milch

1 Glas große eingelegte Gurken

etwas Panko zum Panieren

ZUBEREITUNG

1. Das Öl im Dutch Oven auf 180 °C vorheizen.

2. Mehl mit den Gewürzen und dem Backpulver in einer Schüssel vermischen und in die Mitte eine Mulde drücken. Das Ei in die Mulde geben und nach und nach unter Rühren mit einem Schneebesen die Milch hinzugeben. Dabei immer etwas mehr Mehl vom Rand der Mulde in die Mitte geben, bis alles Mehl untergemischt und ein klümpchenfreier Teig entstanden ist.

3. Die Gurken abgießen, trocken tupfen und der Länge nach vierteln. Die Viertel in den Teig geben und anschließend im Panko wälzen. Sofort in das heiße Fett geben und frittieren, bis sie goldbraun sind.

GAMBAS AL AJILLO

Spanische Tapas sind lecker und vor allem in der Regel sehr schnell gemacht. So kann man auch dem Besuch schnell mal etwas geschmacklich Unglaubliches zaubern. Diese Gambas sind in Spanien sehr beliebt und werden dort klassisch in einem Tonschälchen zubereitet. Ich verwende dafür eine kleine Gusseisenpfanne, was genauso gut klappt und angerichtet sehr schön aussieht.

ZUTATEN

FÜR 2 PORTIONEN

10 Riesengarnelen

3–4 Knoblauchzehen

Olivenöl zum Braten

3 getrocknete Bird-Eye-Chilischoten (alternativ andere Chilisorte)

1 TL Worcestersauce

½ TL edelsüßes Paprikapulver

2 EL Cognac

Salz

etwas Petersilie

1 Spritzer Zitronensaft

AUSSERDEM

1 Steinofenbaguette

ZUBEREITUNG

1. Den Grill auf mittlere direkte Hitze einstellen.

2. Als Erstes müssen die Garnelen von der Schale befreit werden, sofern sie noch eine besitzen. Dazu einfach mit einem Messer den Rücken der Garnelen bis zum Schwanz einschneiden. Sollte der Kopf noch dran sein, dann diesen zuvor in Richtung Rücken wegbrechen. Das Fleisch auslösen, indem du die Schale an der Schnittstelle auseinanderbrichst.

3. Den Knoblauch schälen und fein hacken. In die nicht vorgeheizte Pfanne geben und reichlich Olivenöl aufgießen, sodass es ca. 1 cm hoch steht. Die Chilis fein hacken. Anschließend die Worcestersauce, die Chilis und das Paprikapulver mit in die Pfanne geben. Das Ganze mit dem Cognac verrühren. Dann die Gambas leicht salzen und in der Pfanne mit der Ölmischung verrühren, sodass sie überall mariniert sind.

4. Nun in den Grill geben und 4 Minuten in dem heiß werdenden Öl anbraten. Dann die Garnelen umdrehen und weitere 4 Minuten braten. Währenddessen die Petersilie waschen, trocken schütteln und hacken. Zum Schluss etwas Zitronensaft und die klein gehackte Petersilie über den Garnelen verteilen. Dazu passt super ein rustikales Steinofenbaguette, das auch das würzige Olivenöl aus der Pfanne toll aufsaugt.

KAPITEL 2

PARTYREZEPTE

OFENSUPPE

Leckerer und einfacher geht's kaum! Die Ofensuppe kenne ich schon seit Jahrzehnten, und sie hat sich vielfach bewährt. Anbraten der Zutaten kann man sich hierbei sparen, so ist die Zubereitung auch etwas für diejenigen, die von sich behaupten, dass sie nicht kochen können.

ZUTATEN

FÜR EINEN 10-ZOLL DUTCH OVEN (10–12 PORTIONEN)

800 g Schweinefleisch (Nacken oder Lummer)

Salz, Pfeffer

3 Gemüsezwiebeln

1 Dose Ananas mit Saft (ca. 800 g)

1 Glas Paprika mit Saft (ca. 700 g)

1 mittlere Dose Erbsen mit Saft (ca. 400 g)

1 Dose Champignons ohne Saft (170 g Abtropfgewicht)

1 Flasche Chilisauce (ca. 250 ml)

250 ml Curryketchup

400 g Sahne

1 TL Chiliflocken (nach Belieben)

ZUBEREITUNG

1. Das Fleisch grob klein scheiden, in den kalten Dutch Oven geben, salzen und pfeffern. Die Zwiebeln schälen, in größere Würfel schneiden und über das Fleisch geben.

2. Nun wird's richtig einfach. Sämtliche weitere Zutaten inder genannten. Reihenfolge darübergeben und mit 500 ml Wasser aufgießen. Nicht umrühren! Deckel auf den Dutch Oven geben und für 2–2,5 Stunden bei ca. 180 °C garen. Dann erst umrühren und fertig. Solltest du Briketts für den Dutch Oven verwenden, dann ca. 10 Stück unten und 12–13 oben auflegen. Wie schon erwähnt, gehe ich gerne nach Gehör vor. Es sollte leicht köcheln. Das kann man immer gut hören.

OFENFLEISCH

Fans einfacher, aber wichtiger Zutaten kommen hier auf ihre Kosten. Im Wesentlichen brauchen wir Zwiebeln und Fleisch. Das Fleisch ist nachher sehr zart, und durch das „Backen" entsteht auch eine tolle Sauce. Ein Traum!

ZUTATEN

FÜR 1 BACKBLECH

2,5–3 kg Schweinenacken

6 EL Rub nach Wahl

200 g geräucherter Speck

2 Gemüsezwiebeln

je 1 rote und gelbe Paprika

250 ml BBQ-Sauce

800 ml Rinderfond

ZUBEREITUNG

1. Den Grill auf indirektes Garen regeln. Alternativ Briketts für den Dutch Oven anzünden.

2. Den Schweinenacken in ca. 3 cm große Würfel oder auch in Streifen schneiden. Den Rub darüber verteilen und mit dem Fleisch vermischen, sodass es überall etwas abbekommt. Den Speck würfeln. Wenn du Speckstreifen nimmst, dann einfach in kleinere Streifen schneiden und über dem Fleisch verteilen. Die Zwiebeln schälen und die Paprika halbieren, putzen und waschen. Beides in gröbere Würfel schneiden und ebenfalls über das Fleisch geben. Die BBQ-Sauce darübergeben und alles vermischen. Abschließend mit dem Rinderfond übergießen. Die Schale oder das Blech ohne Deckel in die indirekte Zone des Grills stellen und ca. 2,5 Stunden garen, bis das Fleisch weich ist. Zwischendurch alles mehrfach umrühren, damit oben nichts anbrennt.

3. Wenn du einen Dutch Oven verwendest, ca. 10 Briketts unten, 12–13 oben auflegen, Deckel drauf und alles leicht köcheln lassen.

KÄSE-LAUCH SUPPE

Der Satt- und Glücklichmacher für unzählige Partys und Gelegenheiten, vor allem, wenn es mal für viele Leute lecker werden und schnell gehen soll. Schmeckt auch am Tag nach einer Party richtig gut.

ZUTATEN

FÜR EINEN 6-ZOLL DUTCH OVEN

1 große Zwiebel

2 Knoblauchzehen

500 g Lauch

800 g gemischtes Hackfleisch

Öl zum Braten

Salz, Pfeffer

1,2 l Gemüsebrühe

600 g Schmelzkäse

200 g Crème fraîche

½ Bio-Zitrone

Cayennepfeffer

frisch geriebene Muskatnuss

AUSSERDEM

1 Steinofenbrot

ZUBEREITUNG

1. Zunächst den Dutch Oven auf direkte Hitze vorheizen. Später nach dem Anbraten der Zutaten wird die Hitze dann noch reduziert.

2. Zur Vorbereitung die Zwiebel und den Knoblauch schälen und fein würfeln. Den Lauch waschen, der Länge nach halbieren und in halbe Ringe schneiden. Das Ende der Blätter entfernen.

3. Das Hackfleisch mit etwas Öl im Dutch Oven krümelig anbraten. Salz und Pfeffer hinzugeben. Wenn das Hackfleisch fast durchgebraten ist, Zwiebelwürfel und Knoblauch mit anbraten. Den Lauch hinzugeben und ein paar Minuten mit anbraten, bis er etwas weicher wird. Anschließend mit der Gemüsebrühe aufgießen, dann Schmelzkäse und Crème fraîche unterrühren. Die Zitrone heiß waschen, abtrocknen, die Schale abreiben und hinzugeben. Die Hitze reduzieren, sodass alles maximal leicht köchelt. Abschließend mit Cayennepfeffer, Muskat und ggf. noch mit Salz und Pfeffer abschmecken. Besonders gut schmeckt dazu frisches Brot.

MITTERNACHTS SUPPE

Wenn ihr Freunde und Freundinnen zu Besuch habt und alle begeistern wollt, dann probiert mal die Mitternachtssuppe. Ich habe sie schon bei unzähligen Gelegenheiten zubereitet und Gäste damit glücklich gemacht. Schmeckt auch schon vor Mitternacht. Oder weit danach.

ZUTATEN

FÜR 10 PORTIONEN

1 Gemüsezwiebel

2 Knoblauchzehen

400 g Lauch

600 g Rinderhackfleisch

Öl zum Braten

Salz, Pfeffer

3 EL Tomatenmark

3 EL Paprikamark

250 g Salami

500 g passierte Tomaten

1 Dose Chilibohnen (weiße Bohnen in Chilisauce, ca. 400 g)

250 g Mais (Dose)

1 kleine Dose Kidneybohnen (ca. 400 g)

1,2 l Rinderfond (alternativ gemischt mit Gemüsebrühe)

10 EL Crème fraîche zum Garnieren

ZUBEREITUNG

1. Den Dutch Oven auf direkte Hitze zum Anbraten regeln.
2. Zuerst die Zwiebel und den Knoblauch schälen und würfeln. Den Lauch waschen, der Länge nach halbieren und in halbe Ringe schneiden. Das Ende der Blätter entfernen.
3. Das Hackfleisch mit etwas Öl im Dutch Oven krümelig anbraten und mit Salz und Pfeffer würzen. Die Zwiebel, den Knoblauch und den Lauch dazugeben und etwas mitbraten. Anschließend Tomaten- und Paprikamark hinzugeben und kurz mit anrösten. Alles gut vermischen. Die Salami in 1 cm große Würfel schneiden und in den Dutch Oven geben. Nun die passierten Tomaten, die Chilibohnen, Mais und Kidneybohnen hinzugeben und alles mit dem Rinderfond aufgießen.
4. Die Suppe 10 Minuten bei schwacher Hitze köcheln lassen. Auf einem Teller mit einem Löffel Crème fraîche servieren.

GULASCH SUPPE

Herzhaft, lecker und gerne auch mal etwas feurig. Ich liebe diese Gulaschsuppe, weil sie Körper und Seele wärmt und auch zu Partys schnell mal für mehrere Personen zubereitet werden kann.

ZUTATEN

FÜR EINEN 10-ZOLL DUTCH OVEN (10–12 PORTIONEN)

200 g Chorizo (spanische, luftgetrocknete Rohwurst)

1 kg Rindergulasch

1 kg Zwiebeln

Salz, Pfeffer

1 EL scharfes Paprikapulver

2 EL Paprikamark

400 ml Rotwein

je 1 TL gemahlener Knoblauch, Kümmelsamen, getrockneter Thymian, getrockneter Majoran

800 g stückige Tomaten (Dose)

1,2 l Rinderfond

3–4 vorwiegend festkochende Kartoffeln

je 1 grüne und rote Paprika

ZUBEREITUNG

1. Den Dutch Oven auf direkte Hitze zum Anbraten regeln.

2. Chorizo in 1 cm große Würfel schneiden und mit dem Rindfleisch im Dutch Oven auf hoher Hitze anbraten. Die Zwiebeln schälen und fein würfeln. Das Fleisch mit Salz und Pfeffer würzen und anschließend die Zwiebelwürfel mitbraten, bis sie schön glasig sind. Dann das Paprikapulver und das Paprikamark hinzugeben und unterrühren. Die Hälfte des Rotweins in den Dutch Oven geben und unter Rühren etwas verkochen lassen. Den restlichen Rotwein dazugießen und genauso verfahren.

3. Nun die Gewürze, die stückigen Tomaten und den Rinderfond dazugeben und umrühren. Deckel vom Dutch Oven schließen und bei niedriger Temperatur ca. 1,5 Stunden leicht köcheln lassen. Die Temperatur ist gut gewählt, wenn es im Topf leicht blubbert.

4. Inzwischen Kartoffeln schälen, die Paprika halbieren, putzen und waschen. Beides in Würfel schneiden und in die Suppe geben. Deckel wieder schließen und für weitere 30 Minuten köcheln lassen.

PIZZA TOAST

Manche fühlen sich hier bestimmt in die Schulzeit zurückversetzt. Denn diesen Toast gab es sehr häufig im Kochunterricht. Ich habe ihn auch schon häufig ähnlich zubereitet, bis ich dieses originale Schulrezept gefunden habe. Ich muss gestehen, so ist der Pizza-Toast noch besser.

ZUTATEN

FÜR 9 TOASTS

120 g Sahne

120 g Schmelzkäse

120 g Mozzarella

Salz, Pfeffer

je ½ TL getrockneter Thymian und Oregano

2 EL Tomatenmark

100 g Salami

100 g Kochschinken

9 Scheiben Toastbrot

1 rote Paprika

2 Frühlingszwiebeln

ZUBEREITUNG

1. Den Grill auf indirektes Garen regeln.

2. Sahne und Schmelzkäse in einer Schüssel vermischen. Den Mozzarella fein würfeln. Dann Salz, Pfeffer, Thymian, Oregano, Tomatenmark und den Mozzarella in die Schüssel geben. Die Salami und den Schinken in kleine Stücke schneiden und alles miteinander vermischen. Mit der Masse die Toastscheiben bestreichen.

3. Anschließend die Paprika und die Frühlingszwiebeln waschen, putzen, die Paprika entkernen und beides klein schneiden. Beides ebenfalls auf die Toastscheiben geben. Das Blech mit dem Toast ca. 30 Minuten bei ca. 180 °C backen.

Am besten gelingt der Toast auf einem mit Backpapier ausgelegten Backblech, einer geeigneten Schale oder einfach nur auf Backpapier (das Papier nicht direkt auf die Flammen legen).

CURRYWURST SUPPE

Mittlerweile einer meiner Favoriten. Wenn wir mit Freund*innen campen, ist diese Suppe immer schnell für viele Personen gemacht, und sie schmeckt herrlich. Wie eine Currywurst eben, nur als Suppe.

ZUTATEN

FÜR 8–10 PORTIONEN

10 Grillwürstchen
400 g Zwiebeln
1 rote Paprika
Öl zum Anbraten
1–2 EL Tomatenmark
2 EL Currypulver
800 g passierte Tomaten
400 ml Rinderfond
Salz
200 ml Cola
200 ml Orangensaft
200 ml Curryketchup
Schmand zum Garnieren

ZUBEREITUNG

1. Den Dutch Oven auf direktes Grillen vorheizen.

2. Die Grillwürstchen in 1–2 cm große Scheibchen schneiden. Die Zwiebeln schälen, die Paprika halbieren, putzen und waschen. Beides klein würfeln. Die Würstchen in etwas Öl im Dutch Oven anbraten und wieder herausnehmen. Dann Paprika und Zwiebeln anbraten, bis sie leichte Röstaromen erhalten. Tomatenmark einrühren und ca. 20 Sekunden anrösten, alles gut vermischen. Das Currypulver hinzugeben und ebenfalls kurz mitbraten. Anschließend mit den passierten Tomaten und dem Rinderfond ablöschen. Etwas salzen und dann Cola, Orangensaft und Curryketchup dazugeben. 15 Minuten bei niedriger Temperatur köcheln lassen.

3. Zum Servieren gebe ich gerne etwas Schmand mit auf die Suppe, wenn sie im Teller angerichtet ist.

SALZBRATEN VOM SMOKER

Das ist das einfachste Gericht, das ich kenne. Die rötlich-braune Farbe, die dieser Braten vom Räuchern bekommt, sieht schon unglaublich lecker aus. Aber auch die Saftigkeit und der Geschmack sind herrlich! Und keine Angst, der Braten ist nicht dort versalzen, wo er auf dem Salz liegt, und hat auch nicht zu wenig Salz, wo das Salz nicht rankommt. Wie das funktioniert? Ich weiß es nicht, aber es wird schmecken. Wetten ...?

ZUTATEN

FÜR 12 PORTIONEN

2 kg grobes Meersalz

1 Schweinenacken von guter Qualität (ca. 2,8 kg)

ZUBEREITUNG

1. Den Smoker auf ca. 150–160 °C vorheizen.
2. Eine Edelstahlschale mit Backpapier auslegen und das Salz darauf verteilen. Anschließend das Fleisch auf das Salz legen und für ca. 3 Stunden in den Smoker geben. Achte darauf, dass der Smoker die Temperatur hält. Die Kerntemperatur des Bratens sollte zum Schluss ca. 77 °C haben.
3. Den Braten sofort in Scheiben schneiden und genießen. Ich persönlich mag ihn sehr mit Senf und Krautsalat in einem Brötchen.

SOLJANKA

Ich erinnere mich noch sehr gut an meine erste selbst gemachte Soljanka. Damals befand ich mich in Kabul und musste mit dem kochen, was ich bekommen hatte. Erst hatte ich keine Ahnung, was ich da gezaubert hatte, doch ein ostdeutscher Kollege, dem ich einen Teller meiner Suppe anbot, sagte: „Was für eine tolle Soljanka!" Der Begriff war mir unbekannt, als ich ihn schnell gegooglet hatte, war ich erstaunt: Das war fast genau meine Suppe.

ZUTATEN

FÜR 6 PORTIONEN

1 Zucchini

1 rote Paprika

2 Zwiebeln

2 Knoblauchzehen

1 Glas eingelegte Gurken

2 Gläser Wiener Würstchen

ca. 200 g Salami
(alternativ Sommerwurst am Stück)

Öl zum Anbraten

Salz, Pfeffer

2 EL Tomatenmark

300 g passierte Tomaten

1 Glas Letscho (ca. 400 g)

1 Zitrone

200 g Crème fraîche

Diese Suppe kann man intuitiv mit vielem kochen, was in der Küche vorhanden oder auch übrig ist.

ZUBEREITUNG

1. Den Dutch Oven auf direkte Hitze vorheizen.
2. Das Gemüse waschen, nach Bedarf schälen oder putzen und klein würfeln. Die Zwiebeln und den Knoblauch ebenfalls schälen und in feine Würfel schneiden. Die Gurken abgießen (die Flüssigkeit dabei auffangen) und zusammen mit den Würstchen in Scheibchen schneiden. Die Salami in kleine Würfel schneiden.
3. Zucchini, Paprika und Zwiebeln in etwas Öl anbraten, bis sie leicht glasig werden. Den Knoblauch hinzugeben und kurz mitbraten. Salami mit in den Dutch Oven geben. Das Ganze salzen und pfeffern und alles kurz weiter braten.
4. Tomatenmark mit einrühren und mit den passierten Tomaten und dem Letscho ablöschen. Ca. 100 ml Gurkenwasser dazugeben und mit 1 l Wasser auffüllen, bis die Suppe die gewünschte Konsistenz hat. Zum Schluss die Würstchenstücke in die Suppe geben und alles zusammen heiß werden lassen.
5. In der Zwischenzeit die Zitrone auspressen. Zum Servieren die Suppe in Teller füllen und mit ein paar Spritzern Zitronensaft und je einem Klecks Crème fraîche verfeinern.

KAPITEL 3

BEILAGEN UND DIPS

RÖSTKNOBLAUCH BUTTER

Diese Version einer Kräuterbutter mit geröstetem Knoblauch ist etwas ganz Besonderes. Durch das Rösten wird der Knoblauch sehr mild, behält aber seinen typischen Geschmack. Ich empfehle angeröstetes Brot dazu.

ZUTATEN

FÜR 500 G BUTTER

Salz

4 große Knoblauchknollen (genau! Knollen, nicht Zehen)

4 TL Ahornsirup

500 g Butter plus 4 kleine Butterflöckchen

Pfeffer

1 kleines Bund Schnittlauch

AUSSERDEM

Küchengarn

ZUBEREITUNG

1. Den Grill auf indirekte Hitze vorheizen.

2. Eine Auflaufschale mit Backpapier auslegen. Auf das Backpapier eine gute Schicht Salz streuen. Die Knoblauchknollen oben aufschneiden, sodass man die innenliegenden Zehen sieht. Den Knoblauch mit der offenen Seite nach oben auf das Salzbett legen. Nun je 1 TL Ahornsirup in die Zehen gießen und eine Butterflocke auf jede Knolle geben. Dann das Backpapier an den Enden greifen, hochziehen und mit dem Küchengarn zusammenknoten, sodass ein Säckchen entsteht. Die Schale anschließend in die indirekte Zone des Grills geben und ca. 1 Stunde backen.

3. Den gerösteten Knoblauch nach der Garzeit aus den Knollen drücken und in eine Schale geben. Die Butter hinzufügen und mit Salz und Pfeffer abschmecken. Zum Schluss den Schnittlauch waschen, trocken schütteln, fein hacken und dazugeben. Alles miteinander vermischen und im Kühlschrank wieder fest werden lassen.

BACON KRÄUTERBUTTER

Die Aromen frischer Kräuter, vermischt mit Butter und dem Geschmack von geräuchertem Speck, passen zu Fleisch oder auch einfach nur zu Brot. Meine Familie liebt dieses Rezept, und es ist schnell gemacht.

ZUTATEN

FÜR 250 G BUTTER

1 Pck. Frühstücksspeck (ca. 120 g)

250 g Butter

je ½ Bund glatte Petersilie, Schnittlauch, Basilikum

2 Knoblauchzehen

1 EL gehackter Thymian

1 Chilischote

Salz, Pfeffer

ZUBEREITUNG

1. Den Speck anbraten, bis er kross ist, und anschließend abkühlen lassen. Danach fein hacken.
2. Die Butter bei Zimmertemperatur erwärmen, sodass sie streichbar wird. Die frischen Kräuter waschen, trocken schütteln, die Blätter abzupfen und mit einem Messer klein hacken. Den Knoblauch schälen und klein hacken. Die Chili waschen, putzen und ebenfalls klein hacken. Alles zusammen mit Salz und Pfeffer unter die Butter mischen. In den Kühlschrank stellen, bis die Butter wieder fest ist.

Vorsicht beim Salzen der Kräuterbutter. Der Speck bringt schon eine gewisse Grundwürze mit, sodass die Butter leicht zu versalzen ist.

BAKED BEANS

Gebackene Bohnen sind die perfekte Beilage zu Smoker- oder Grillgerichten. Wunderbar gebacken und mit einer würzigen Rauchnote sind sie fast besser als das Hauptgericht.

ZUTATEN

FÜR 12 PORTIONEN

1 rote Zwiebel
3 Knoblauchzehen
1 Jalapeño
200–300 g Sucuk
5 Dosen Baked Beans (415 g) Füllmenge
1 Gemüsezwiebel
150 g Vollrohrzucker
150 g Rub nach Wahl
ca. 350 ml BBQ-Sauce
150 g Ketchup
2 EL Senf
3 EL Worcestersauce
1 Schuss Landbier

ZUBEREITUNG

1. Den Smoker auf ca. 110 °C vorheizen.
2. Zwiebel und Knoblauch schälen, die Jalapeño waschen und putzen. Alles zusammen mit der Sucuk fein würfeln.
3. Das Ganze mit den restlichen Zutaten in eine backofenfeste Schale geben. Alles gut vermischen und für 2,5 Stunden in den Smoker stellen.

Das Rezept lässt sich natürlich auch auf dem Gas- oder dem Kugelgrill zubereiten – du kannst für das gewisse Extra noch etwas Rauchpaprikagewürz dazugeben.

GEBACKENER FETA

Mit seiner mediterranen Küche ist Griechenland zu einer meiner Lieblingsregionen geworden, wenn es um internationale Rezepte geht. Der cremig gebackene Feta wird zusammen mit dem Gemüse und einem guten Olivenöl zu einem Gericht, das super aussieht und auch genauso schmeckt.

ZUTATEN

FÜR 4 PORTIONEN

1 große rote Zwiebel

1 rote Spitzpaprika

1 gelbe Paprika

3 Knoblauchzehen

2 Pck. Feta (à ca. 150 g)

einige Kirschtomaten (alternativ kleine Romatomaten)

Pfefferonen (nach Belieben)

Salz, Pfeffer

etwas Olivenöl

je 1 kleines Bund Oregano und Thymian

Brot zum Servieren

Das Gericht kann man natürlich auch im Backofen machen. Ich empfehle ca. 170–180 °C (Ober-/Unterhitze).

ZUBEREITUNG

1. Eine Gusseisenpfanne bereithalten und den Grill auf indirekte Hitze vorheizen.

2. Die Zwiebel schälen, halbieren und in halbe Ringe schneiden. Die Spitzpaprika halbieren, putzen, waschen und ebenfalls in Ringe schneiden. Die Paprika halbieren, putzen, waschen und in Streifen schneiden. Den Knoblauch schälen und klein würfeln. Das geschnittene Gemüse in der Pfanne verteilen und vermischen. Ich behalte mir immer noch einige Ringe der Spitzpaprika übrig und lege sie dekorativ auf den Käse.

3. Den Feta abtropfen lassen und in die Mitte auf das Gemüse legen. Kirschtomaten und Pfefferonen waschen, ggf. halbieren und nach Belieben um den Käse herum verteilen. Mit Salz und Pfeffer würzen. Auf den Käse muss kein Salz, da dieser in einer Salzlake gereift ist. Alles mit Olivenöl besprenkeln. Oregano und Thymian waschen, trocken schütteln, die Blätter abzupfen, fein hacken und etwas darübergeben.

4. Die Pfanne in die indirekte Zone auf den Grill geben und ca. 30 Minuten backen, bis die Tomaten aufplatzen und der Käse weich wird. Dazu passt ein gutes Brot, mit dem du dann die Ölmischung in der Pfanne aufsaugen kannst.

RÖSTZWIEBELN

Röstzwiebeln passen perfekt zu Burgern, auf Pommes oder auch einfach nur so zum Snacken. Sie sind günstig, lecker und einfach zu machen.

ZUTATEN

FÜR 1 ZWIEBEL

Öl zum Frittieren

1 große Zwiebel

Salz

1 EL Mehl

ZUBEREITUNG

1. Den Dutch Oven mit Frittieröl befüllen und das Öl auf ca. 160 °C vorheizen. Die Temperatur sollte nicht höher sein, da sonst die Zwiebeln zu schnell zu dunkel werden, obwohl das Innere noch gar nicht frittiert ist.

2. Die Zwiebel schälen, halbieren, in halbe dünne Ringe schneiden und leicht salzen. Achte darauf, zusammenklebende Zwiebelringe zu trennen. Das Mehl hinzugeben und alles durchschütteln, bis das Mehl an den Zwiebelringen haftet.

3. Anschließend ins Öl geben und langsam braun frittieren. Das dauert ca. 7–9 Minuten. Dann die Zwiebelringe herausnehmen und auf Küchenkrepp legen, um überschüssiges Öl aufzufangen.

GRIECHISCHER FETA-DIP

Dieser Dip schmeckt herrlich nach Urlaub. Garniert mit gerösteten Tomaten, Knoblauch, Oliven und einem gutem Olivenöl. Passt zu Brot, Fleisch oder auch zu Crackern.

ZUTATEN

FÜR 10 PORTIONEN

je 1 Handvoll Kirschtomaten und Oliven

7 Knoblauchzehen

ca. 60 ml Olivenöl

1 Bund Petersilie

2 Pck. Feta (à ca. 150 g)

4–5 EL Frischkäse

½ TL Chiliflocken

Salz, Pfeffer

AUSSERDEM

1 Steinofenbrot

ZUBEREITUNG

1. Den Grill auf indirektes Grillen vorheizen.

2. Tomaten und Oliven waschen, den Knoblauch schälen. Alles zusammen in eine ofenfeste Schale geben und großzügig etwas vom Olivenöl darüberträufeln. Für ca. 30 Minuten im Grill backen, bis die Tomaten anfangen aufzuplatzen.

3. Inzwischen die Petersilie waschen, trocken schütteln, die Blätter abzupfen und fein hacken. Den Feta mit dem Frischkäse, ein wenig Wasser und einer Handvoll Petersilie, ca. 30 ml Olivenöl, Chiliflocken, etwas Salz und Pfeffer in einen Mixer geben und alles gut pürieren. Den Dip in eine Schale umfüllen und mit den leicht abgekühlten Tomaten, Oliven und dem Knoblauch übergießen. Das Öl aus der Backschale darübergießen und mit etwas Chiliflocken und der restlichen Petersilie garnieren. Dazu schmeckt geröstetes Brot hervorragend.

RANCH DIP

Sour Cream ist eher mit Schmand zu vergleichen als mit saurer Sahne, auch wenn die Übersetzung von Sour Cream eher auf Sahne schließen lässt. Aber der Fettgehalt ist hier wichtig, und der ist bei Schmand höher. Ich verwende den Dip jedenfalls für viele leckere Dinge vom Grill. Perfekt finde ich ihn zu den Fried Pickles (siehe S. 56). So lieben es die Südstaatler besonders.

ZUTATEN

FÜR CA. 400 G

je ca. 1 EL Dill, Schnittlauch und Blattpetersilie

200 g Schmand (alternativ Sour Cream)

200 g Mayonnaise

1 EL Limettensaft (alternativ Speiseessig)

¼ TL Zwiebelgranulat

Salz, Pfeffer

Knoblauchgranulat

ZUBEREITUNG

1. Dill, Schnittlauch und Petersilie waschen, trocken schütteln, die Blätter abzupfen, fein hacken und in eine Schüssel geben. Schmand und Mayonnaise dazugeben. Anschließend die restlichen Zutaten hinzugeben, alles gut vermischen und mit je ½ TL Salz, Pfeffer und 1 Prise Knoblauchgranulat abschmecken.

2. In ein luftdicht verschließbares Glas geben und bis zur Verwendung gut gekühlt lagern.

Der Crunch der Fried Pickles auf S. 56 passt perfekt zu diesem cremigen Ranch-Dip. Alternativ kannst du ihn auch mal zu den Lauchpatronen auf S. 50 versuchen.

HAM JAM

Ham Jam oder auch Schinkenmarmelade ist das perfekte Topping auf Burgern oder schmeckt auch als Dip sehr lecker. Der Ursprung war das bekannte Bacon Jam. Ich wollte wissen, ob das auch mit Schinken geht. Ja, tut es!

ZUTATEN

FÜR 4–5 GLÄSER (À CA. 200 G)

600 g Schinken (z. B. Abschnitte vom Metzger)

3 rote Zwiebeln

1 rote Chili

1 Frühlingszwiebel

je 90 ml Aceto balsamico, Ahornsirup und brauner Rum (alternativ Whiskey)

½ TL Knoblauchgranulat (alternativ 1 Knoblauchzehe)

1 TL geräuchertes Paprikapulver

Pfeffer

90 g Vollrohrzucker

ca. 100 g Pflaumen (Glas)

ZUBEREITUNG

1. Den Grill auf gemäßigte direkte Hitze für die Pfanne vorheizen.
2. Den Schinken in sehr kleine Würfel schneiden. In die leicht vorgeheizte Pfanne geben und bei sehr niedriger Temperatur für ca. 45 Minuten ausbraten. Überschüssiges Fett heraussieben und zur Seite stellen. Die Zwiebeln schälen, halbieren und in halbe Ringe schneiden. Mit einem kleinen Teil des gesiebten Fetts in derselben Pfanne anbraten. Halte auch hierbei die Temperatur sehr niedrig.
3. Chili und Frühlingszwiebel putzen, waschen, fein hacken und zu den Zwiebeln geben, sobald diese glasig sind. Für weitere 3–4 Minuten mitbraten. Anschließend mit den flüssigen Zutaten ablöschen und den Schinken wieder in die Pfanne geben. Nun Knoblauchgranulat oder eine gepresste Zehe sowie Paprikapulver, Pfeffer und Zucker dazugeben.
4. Die Pflaumen mit einem Stabmixer pürieren, ebenfalls in die Pfanne geben und alles bei niedriger Temperatur etwas reduzieren lassen, bis die Flüssigkeit weniger geworden ist und die Blasen vom Köcheln etwas träger werden. Zum Schluss die Hälfte der Masse herausnehmen, mit dem Stabmixer pürieren und wieder in die Pfanne geben. So erhalten wir eine wunderbare Konsistenz mit einigen Stückchen. In verschraubbare Gläser abfüllen.

CHIMICHURRI

Argentiniens Klassiker, wenn es um Fleisch geht. Diese Sauce, oder schon fast eher Paste, ist eine wahre Geschmacksexplosion und passt auch prima zu den Hackfleischbrötchen (siehe S. 36), die ebenfalls schnell gemacht sind.

ZUTATEN

FÜR 1 GLAS (À CA. 200 G)

1 große Knoblauchzehe

Meersalz

Zucker

1 Bund Blattpetersilie

ca. 1 EL frischer Koriander

½ Bund frischer Oregano

½ Bio-Zitrone

Chiliflocken

1 kleine rote Chili
(nach Belieben)

etwas Olivenöl

ZUBEREITUNG

1. Den Knoblauch mit je 1 Prise Salz und Zucker in einen Mörser geben und zu einer Paste zerdrücken.

2. Petersilie, Koriander und Oregano waschen, trocken schütteln, die Blättchen abzupfen und fein hacken. Die Bio-Zitrone auspressen und die Schale abreiben. Die Kräuter und ca. 1 TL Zitronenabrieb und den Zitronensaft sowie 1 Prise Chiliflocken mit in den Mörser geben und alles etwas zerdrücken. Die Chilischote waschen, halbieren, entkernen und fein hacken, anschließend ebenfalls in den Mörser geben. Olivenöl dazugeben, bis eine ölig-flüssige Paste entsteht.

Wenn du keinen Mörser hast, kannst du den Knoblauch auch mithilfe der Schneide eines Messers zu Paste mahlen. Einfach den Knoblauch grob klein schneiden, Salz drauf und die Schneide immer wieder über die Zehe ziehen. Der Rest des Rezepts lässt sich dann mit dem Stabmixer erledigen.

KAPITEL 4

VOM SCHWEIN

SCHWEINEBÄCKCHEN

Diese kleinen Teilchen sind richtig lecker. Sehr zart und saftig und so schön einfach in der Zubereitung.

ZUTATEN

FÜR 2 PORTIONEN

6 Schweinebäckchen

2–3 EL Rub nach Wahl

500 ml Apfelsaft

etwas BBQ-Sauce

AUSSERDEM

2 Metallschalen (alternativ 1 Schale + Alufolie zum Abdecken)

Pinsel oder BBQ-Mopp zum Bestreichen

ZUBEREITUNG

1. Den Smoker oder Grill auf 100–110 °C vorheizen.
2. Die Schweinebäckchen in eine Schale mit Rost geben. Alternativ direkt auf den Grillrost, die Schale benötigst du aber später noch. Rundherum mit dem Rub eurer Wahl bestreuen und für 2 Stunden in den Smoker geben.
3. Danach den Apfelsaft in die Schale unter die Bäckchen geben. Die Schale mit einer 2. Schale obendrauf oder alternativ mit Alufolie verschließen. Zurück in den Smoker und für weitere 2 Stunden bei 150–160 °C garen.
4. Nun die Bäckchen aus der Schale nehmen und auf den Rost legen. Mit der BBQ-Sauce bepinseln und bei 100–110 °C für eine halbe Stunde fertig glasieren lassen. Das Bepinseln zwischendurch mehrmals wiederholen.

DICKE RIPPE

Über dieses Rezept hätte sich meine Oma gefreut. Ein fantastischer Klassiker mit viel Liebe und Geschmack aus dem Dutch Oven.

ZUTATEN

FÜR 3 PORTIONEN

3 Stücke dicke Rippe (à 350–400 g)

Salz, Pfeffer, Senf zum Einreiben

Butterschmalz zum Braten

1 Stange Lauch

¼ Knollensellerie

3 Möhren

1 Gemüsezwiebel

2 EL Tomatenmark

200 ml Rotwein

1 kleines Bund Petersilie

¼ TL Knoblauchpulver

1 EL edelsüßes Paprikapulver

5 Pimentkörner

1,2 l Gemüsebrühe

2 Lorbeerblätter

ggf. 1 TL–1 EL Stärke zum Andicken

ZUBEREITUNG

1. Die Rippenstücke salzen, pfeffern und mit Senf einreiben und im Dutch Oven bei hoher Hitze rundherum in Butterschmalz scharf anbraten. In der Zwischenzeit Lauch, Sellerie, Möhren und die Zwiebel waschen, putzen, nach Bedarf schälen und grob klein schneiden. Wenn das Fleisch rundherum etwas gebräunt ist, herausnehmen und das Gemüse scharf anbraten, bis Röstaromen erkennbar sind. Das sorgt später für eine dunklere Sauce. Anschließend Tomatenmark mit dem Gemüse für ca. 30 Sekunden anrösten. Mit der Hälfte des Weins ablöschen, verrühren und warten, bis die Flüssigkeit verkocht ist. Dann auch den restlichen Wein hinzugeben und genauso verfahren.

2. In der Zwischenzeit die Petersilie waschen, trocken schütteln, die Blätter abzupfen und fein hacken. Zusammen mit dem Knoblauchpulver, Paprikapulver und dem Piment in den Dutch Oven geben. Mit Gemüsebrühe aufgießen und die Lorbeerblätter und das Fleisch dazugeben.

3. Den Deckel aufsetzen und bei niedriger Temperatur 2 Stunden köcheln lassen. Lege entweder ein paar Briketts unten und oben auf den Dutch Oven oder stelle ihn in den Grill. Wichtig ist, dass es darin nur leicht köchelt. Zur Sicherheit etwas Gemüsebrühe oder Wasser bereithalten, falls die Temperatur zu hoch ist und deswegen Flüssigkeit fehlt.

4. Nach 2 Stunden das Fleisch herausnehmen und warm stellen. In der Zwischenzeit passiere ich die Sauce gerne mit einem Nudelsieb. Ggf. mit etwas Stärke andicken. Wer mag, kann aber auch das komplette Gemüse pürieren. Die fertige Sauce zum Schluss über das Fleisch geben und servieren.

BACON TORTE

So eine Torte wäre auch mal ein Kuchen, über den ich mich freuen würde. Definitiv mehr als über eine richtige Torte. Kommt also bestimmt gut an.

ZUTATEN

FÜR EINE Ø 25 CM GUSSEISENPFANNE

4 Pck. Frühstücksspeck (ca. 480 g)

1 Gemüsezwiebel

1 grüne Paprika

500 g gemischtes Hackfleisch

2 EL Rub nach Wahl

einige Spritzer Worcestersauce

125 g Cheddar

150 g Gouda

einige Pfefferonen (nach Belieben)

etwas BBQ-Sauce

ZUBEREITUNG

1. Den Grill auf indirekte Hitze vorheizen.

2. Die kalte Gusseisenpfanne mit Frühstücksspeck auslegen. Das funktioniert am besten, wenn du mit einer Scheibe im äußeren Drittel von der Mitte aus gesehen anfängst und sie nach außen hinlegst, sodass das Ende über den Pfannenrand herausschaut. Die nächste Scheibe wieder von innen angefangen leicht überlappend legen. So weitermachen, bis die komplette Pfanne mit Speck ausgelegt ist.

3. Die Zwiebel schälen, halbieren und in halbe Ringe schneiden. Die Paprika halbieren, putzen, waschen und in Streifen schneiden.

4. Nun den Speck ca. 2 cm dick mit dem Hackfleisch belegen und mit Rub bestreuen. Einige Spritzer Worcestersauce darübergeben. Cheddar und Gouda mischen und zwei Drittel davon über das Hackfleisch verteilen. Die Zwiebelringe und Paprikastreifen darübergeben. Nach Belieben einige Pfefferonen waschen, in 1–2 cm große Stücke schneiden und mit in die Pfanne geben. Nun noch alles mit dem restlichen Käse bestreuen. Als Letztes alle Speckstreifen zur Mitte der Pfanne klappen und alles mit BBQ-Sauce bepinseln.

5. In den Grill legen und für ca. 40 Minuten grillen, bis das Hackfleisch gar ist. Solltest du durch das Falten des Specks in der Mitte der Pfanne einen kleinen Hügel bekommen, weil der Speck dort übereinanderliegt, dann ab der Hälfte der Garzeit etwas Alufolie rund schneiden und darüberlegen, da dieser Hügel sonst zu schnell zu dunkel werden kann. Nun das gute Stück nur noch wie eine Torte aufschneiden und servieren.

NUDELAUFLAUF ELSÄSSER ART

Nudelauflauf nach Elsässer Art – um es mit den Worten von Andreas Tochter zu sagen: „Das ist der beste Auflauf, den ich je gegessen habe." Ich schließe mich da absolut an!

ZUTATEN

FÜR 6 PORTIONEN

500 g Penne Rigate (alternativ andere Pasta)

125 g geräucherter Speck

250 g Rohschinken

2 rote Zwiebeln

2 Knoblauchzehen

1 Bund Frühlingszwiebeln

3 Tomaten (nach Belieben)

500 g Sahne

300 g Schmand

Salz, Pfeffer

250 g Mozzarella

150 g Cheddar

ZUBEREITUNG

1. Zuerst die Nudeln nach Packungsanweisung vorkochen, bis sie al dente sind. Anschließend herausnehmen. Die Nudeln können ruhig etwas abkühlen.

2. Danach den Dutch Oven auf mittlere Temperatur vorheizen und den Speck und den Schinken in feine Würfel schneiden. Im Dutch Oven anbraten, sodass sie etwas Fett auslassen. Inzwischen die Zwiebeln und den Knoblauch schälen und in feine Würfel schneiden. Dann die Zwiebeln in den Dutch Oven geben und leicht anschwitzen. Wenn sie glasig sind, den Knoblauch hinzugeben und mitbraten.

3. In der Zwischenzeit die Frühlingszwiebeln putzen, waschen, trocken schütteln und klein schneiden. Nach Belieben die Tomaten waschen, putzen und würfeln. Das ist zwar optional, aber ich liebe es so.

4. Sahne und Schmand zum Speck und den Zwiebeln geben und das Ganze gut salzen und pfeffern. Den Käse reiben. Die Nudeln hinzugeben und mit Käse, Tomaten und Frühlingszwiebeln vermischen. Ich lasse immer noch etwas von den Frühlingszwiebeln und einige Tomatenscheiben übrig und verteile sie zum Schluss oben drauf.

5. Solltest du einen Grill mit Deckel nutzen, empfiehlt es sich, den des Dutch Ovens wegzulassen. Beim Verwenden von Briketts ca. 10 unter den Dutch Oven und ca. 8–10 Briketts obendrauf, sodass der Auflauf von oben und unten garen kann. Nach 15–20 Minuten ist der Auflauf fertig.

ZWIEBELWÜRSTCHEN

Krosse Bratwürstchen, die in einem Sud aus Zwiebeln, Paprika und Landbier gebacken sind. Da läuft mir beim Schreiben schon wieder das Wasser im Mund zusammen. Das Rezept ist sehr leicht zu machen und himmlisch lecker!

ZUTATEN

FÜR 6 PORTIONEN

3 Gemüsezwiebeln

1 gelbe Paprika

200 ml Landbier

6 grobe Bratwürstchen

Weißweinessig

Salz, Pfeffer

1 Knoblauchzehe

1 TL getrockneter Majoran

30 ml Olivenöl

Petersilie zum Garnieren

Du kannst auch den Dutch Oven verwenden. Beim Vorkochen der Würstchen den Deckel weglassen und beim Backen den Deckel drauf, sodass Hitze von allen Seiten kommt. Ich empfehle 7–8 Briketts unten und ca. 10 Briketts auf dem Deckel. Nutze außerdem kein Pils – das wird schnell mal zu bitter.

ZUBEREITUNG

1. Gasgrill oder Kugelgrill auf indirektes Grillen vorbereiten, ggf. den Seitenbrenner nutzen.

2. Eine Gemüsezwiebel schälen, die Paprika halbieren, putzen und waschen. Beides in Streifen schneiden. Das Bier und 200 ml Wasser in die Pfanne geben, die Würstchen und die Zwiebel- und Paprikastreifen hinzugeben, 1 Schuss Essig dazu, dann salzen und pfeffern und die Würstchen im Sud ca. 5 Minuten köcheln lassen. Wenn die Unterseite der Würstchen weiß ist, kannst du sie wenden. Wenn die Würstchen gar sind, herausnehmen.

3. In der Zwischenzeit die beiden anderen Gemüsezwiebeln schälen, in Streifen schneiden und in einer feuerfesten Schale verteilen. Die Knoblauchzehe schälen, fein hacken und mit in die Schale geben. Mit Salz, Pfeffer und Majoran würzen und alles mit dem Olivenöl beträufeln. Die gegarten Zwiebeln und Paprika aus der Pfanne nehmen, ebenfalls in die Schale geben und alles gut vermischen. Die Würstchen anschließend auf das Gemüse legen und die Oberseite leicht mit einem Messer rautenförmig einritzen, um die Oberfläche etwas zu vergrößern.

4. Die Schale in die indirekte Zone des Grills geben (Brenner links und rechts an, die Schale in die Mitte) und die Würstchen mit dem Gemüse darunter so lange backen, bis die Würstchen braun sind. Das sollte ca. 35 Minuten dauern. Wenn das Gemüse noch Biss hat, dann das Ganze noch kurz über die Flamme stellen, sodass die Zwiebeln und die Paprika in der Schale braten.

5. In der Zwischenzeit die Petersilie waschen, trocken schütteln, die Blätter abzupfen und fein hacken. Zum Schluss die Zwiebelwürstchen damit garnieren.

PUSZTABÄLLCHEN

**Eins meiner absoluten Favorites! Super simpel, super lecker!
Mehr gibt es dazu nicht zu sagen.**

ZUTATEN

FÜR 4 PORTIONEN

FÜR DIE HACKBÄLLCHEN

3 Scheiben Toast

Milch

800 g gemischtes Hackfleisch

2 TL Senf

1 Ei (Größe M)

Salz, Pfeffer

FÜR DIE PUSZTASAUCE

je 1 rote und grüne Paprika

1 Gemüsezwiebel, 2 Knoblauchzehen

Öl zum Braten

2–3 EL Tomatenmark

200 ml Weißwein

200 ml Rinderfond

4 Gewürzgurken
plus 50 ml Gurkenwasser

1 Dose stückige Tomaten (ca. 400 g)

2 TL Zucker

je 1 TL Chiliflocken,
getrockneter Oregano,
gemahlener Kreuzkümmel

1 EL edelsüßes Paprikapulver

ZUBEREITUNG

1. Den Grill auf indirekte Hitze vorheizen, Pfanne oder Dutch Oven für scharfes Anbraten vorheizen.

2. Das Toastbrot mit etwas Milch in eine Schale geben, sodass sich das Brot vollsaugen kann. Anschließend etwas ausdrücken. Den eingeweichten Toast, Hackfleisch, Senf und das Ei mit Salz und Pfeffer vermischen und durchkneten. Aus der Masse golfballgroße Bällchen formen und in einer Pfanne oder dem Dutch Oven scharf anbraten. Anschließend herausnehmen und warm stellen.

3. Für die Sauce die Paprika halbieren, putzen, waschen und in Streifen schneiden. Die Zwiebel schälen und fein würfeln. Die Knoblauchzehen schälen und ebenfalls fein hacken. Zwiebeln und Paprika in der Pfanne oder dem Dutch Oven mit etwas Öl anbraten. Wenn das Gemüse etwas glasig wird, den Knoblauch hinzugeben. Nach 30 Sekunden Tomatenmark hinzugeben und kurz mitbraten. Alles vermischen und mit der Hälfte des Weißweins ablöschen. Rühren, bis die Flüssigkeit fast verdampft ist. Dann den Rest des Weins dazugeben und noch einmal so verfahren. Anschließend den Rinderfond und das Gurkenwasser dazugeben. Die Gewürzgurken klein schneiden und zusammen mit den restlichen Zutaten in die Pfanne oder den Dutch Oven geben. Alles ca. 15 Minuten köcheln lassen.

4. Nun die Hackbällchen wieder hinzufügen, alles vermischen und mit geschlossenem Deckel weitere 15 Minuten bei niedriger Temperatur köcheln lassen, bis die Bällchen innen gar sind.

KAUKASISCHE SCHASCHLIKSPIESSE

Wenn sich jemand mit Schaschlik auskennt, dann Andreas, der eigentlich aus dem Kaukasus stammt. Von dort stammt auch dieses Schaschlik-Rezept, welches wir seitdem nur noch benutzen.

ZUTATEN

FÜR 10 SPIESSE

1,5 kg Schweinenacken

FÜR DIE MARINADE

15 Pfefferkörner

15 Koriandersamen

½ TL getrockneter Thymian, getrocknetes Bohnenkraut, gemahlener Kreuzkümmel

1 Zitrone

2 Lorbeerblätter

4 mittlere Zwiebeln

1 Knoblauchzehe

4 EL Sonnenblumenöl

2 TL Salz

1 TL Paprikapulver

AUSSERDEM

10 flache Metallspieße

ZUBEREITUNG

1. Den Grill auf mittlere direkte Hitze vorheizen.
2. Den Schweinenacken in ca. 3 cm große Würfel schneiden. Die Pfefferkörner und die Koriandersamen klein mörsern und mit den weiteren Gewürzen zum Fleisch geben. Die Zitrone halbieren und den Saft darüber auspressen. Die Lorbeerblätter fein bröseln und ebenfalls dazugeben.
3. Die Zwiebeln schälen, halbieren, in halbe Ringe schneiden, durchkneten und zum Fleisch geben. Den Knoblauch schälen und fein hacken. Zusammen mit Öl, Salz und Paprikapulver zum Fleisch geben. Alles noch einmal durchkneten und abgedeckt über Nacht marinieren lassen. Wer sich Zeit sparen will, kann das Fleisch auch vakuumieren, dann dauert der Mariniervorgang nur 1–2 Stunden. Anschließend auf die Spieße stecken. Grillen, bis sie eine schöne braune Farbe haben.

MEMPHIS-STYLE SPARERIBS

Es gibt verschiedene Möglichkeiten, Spareribs zu garen. Diese hier kommt ohne Dämpfphase aus. Dadurch sind die Ribs zwar nicht so weich, dass man sie vom Knochen ziehen kann, aber unglaublich lecker. Für mich die beste Methode!

ZUTATEN

FÜR 6 PORTIONEN

6 Baby Back Ribs (Kotlettrippchen)

80 g Rub nach Wahl

FÜR DIE MOPP-SAUCE

250 ml Apfelsaft

200 ml Weißweinessig

100 ml BBQ-Sauce

3 EL Rub nach Wahl

AUSSERDEM

Pinsel oder BBQ-Mopp zum Bestreichen

ZUBEREITUNG

1. Den Smoker auf 110 °C vorheizen. Alternativ Gasgrill mit der Smokebox oder den Kugelgrill ebenfalls zum Räuchern vorbereiten (siehe Minionring auf S. 17).

2. Die Silberhaut von den Rippchen entfernen, indem du mit dem Stiel eines Löffels unter die Haut am Rücken der Ribs stichst und die Haut leicht anhebst. Dann diese mit einem Küchenkrepptuch greifen und abziehen. Anschließend mit dem Rub bestreuen, diesen einmassieren und in den Smoker oder den Grill geben.

3. Währenddessen die Mopp-Sauce zubereiten, indem du die Zutaten mit 250 ml Wasser vermischst. Bestreiche damit die Ribs nun alle 45 Minuten mit einem Pinsel oder einem BBQ-Mopp. Nach 5 Stunden sind sie fertig.

3-2-1 SPARERIBS

Diese Rippchen sind nach dem Grillen so zart, dass sie vom Knochen fallen. Der Name 3-2-1 kommt von der Zubereitungsweise. 3 Stunden Rauch, 2 Stunden Dämpfen, 1 Stunde glasieren. Das Ergebnis spricht für sich. Die häufigste Frage hierzu ist: „Kann man das auch im Backofen machen?" Ja, das geht, dann fehlt ihnen nur das Raucharoma.

ZUTATEN

FÜR 4 PORTIONEN

4 Baby Back Ribs (Kotelettrippchen)

6 EL Rub nach Wahl

500 ml Apfelsaft

ca. 300 ml BBQ-Sauce

AUSSERDEM

2 Metallschalen (alternativ 1 Schale + Alufolie zum Abdecken)

Pinsel oder BBQ-Mopp zum Bestreichen

ZUBEREITUNG

1. Den Smoker auf 110 °C vorheizen. Alternativ Gasgrill mit der Smokebox oder den Kugelgrill ebenfalls zum Räuchern vorbereiten (siehe Minionring auf S. 17).
2. Die Silberhaut entfernen, wie bei den Memphis-Style Spareribs (siehe S. 116). Rub darübergeben, einmassieren und in den Smoker oder den Grill geben. Für 3 Stunden räuchern.
3. Anschließend die Ribs mit dem Saft in eine Schale geben. Mit der zweiten Schale gut verschließen oder mit Alufolie dicht abdecken. Nun für 2 Stunden bei 150–160 °C dämpfen. Diese Phase ist wichtig, weil die Ribs dadurch zart werden.
4. Anschließend die Spareribs herausnehmen und wieder auf den Smoker oder Grill legen und die Oberseite mit BBQ-Sauce bepinseln. Bei 100 °C ca. 1 Stunde glasieren lassen. In der Zeit insgesamt 2–3 Mal mit der Sauce bepinseln.

BAUERNTOPF

Ich habe mir mal den bekannten Bauerntopf vorgenommen. Meine Kinder lieben den mit dem Tütenzeugs. Da ich so was nicht vertrage, habe ich mir mal eine gesündere und noch bessere Variante ausgedacht.

ZUTATEN

FÜR CA. 6 PORTIONEN

800 g–1 kg festkochende Kartoffeln

1 Gemüsezwiebel

3 rote Paprika

3 Knoblauchzehen

4 Mettwürstchen

Öl zum Braten

Salz, Pfeffer

600 g gemischtes Hackfleisch

1–2 TL getrockneter Majoran

1 TL Kümmelsamen

1–2 EL edelsüßes Paprikapulver

800 ml Rinderfond

1 kleines Bund Petersilie

ZUBEREITUNG

1. Den Dutch Oven zum Anbraten auf hohe Temperatur vorheizen.

2. Kartoffeln schälen und in ca. 2 cm große Würfel schneiden. Die Zwiebel ebenfalls schälen und fein würfeln. Die Paprika halbieren, putzen, waschen und klein schneiden. Den Knoblauch schälen und fein hacken. 2 der Mettwürstchen in Scheiben schneiden. Die anderen 2 gebe ich später gerne einfach so in den Topf. Wer befürchtet, dass sich die Esser*innen um die großen Würstchen streiten, kann natürlich auch alle 4 direkt in Scheiben schneiden.

3. Dann das geschnittene Gemüse bis auf den Knoblauch in den geölten Dutch Oven geben und anbraten. Kräftig Salz und Pfeffer hinzugeben. Wenn die Zwiebeln und die Paprika glasig werden, den Knoblauch hinzugeben und 30 Sekunden mit anbraten. Dann alles aus dem Dutch Oven in eine Schüssel geben. Den Dutch Oven erneut einölen. Das Hackfleisch salzen, pfeffern und anbraten. Bevor es durch ist, die Würstchenscheiben dazugeben und mit anbraten. Sobald das Hackfleisch gar ist, das Gemüse wieder hinzufügen und mit Majoran, den Kümmelsamen und dem Paprikapulver kurz weiterbraten lassen.

4. Dann mit dem Rinderfond aufgießen, bis alles leicht bedeckt ist. Nun wäre ein guter Zeitpunkt, die ganzen Würstchen noch dazuzugeben, sofern man sich dafür entschieden hat. Alles 20 Minuten bei niedriger Temperatur köcheln lassen. Zum Schluss die Petersilie waschen, trocken schütteln, die Blätter abzupfen, klein hacken und in den Topf einrühren. Fertig.

ZWIEBEL-SCHICHTFLEISCH

Wenn ich dieses Schichtfleisch mache, duftet der komplette Garten. Selbst mein Nachbar wurde schon davon angelockt und fragte, was ich da zubereite. Dieses Gericht ist also bestens geeignet, gute Nachbarschaftsbeziehungen zu pflegen.

ZUTATEN

FÜR CA. 10 PORTIONEN (WENN BEILAGEN DABEI SIND)

600 g geräucherter Speck

2,5 kg Schweinenacken

ca. 6 EL Rub nach Wahl

4 Knoblauchzehen

je 3 EL Tomaten- und Paprikamark

1 kg Gemüsezwiebeln

2 rote Zwiebeln

400 ml Rinderfond

200 ml BBQ-Sauce

ZUBEREITUNG

1. Den Grill zunächst auf direkte Hitze vorheizen.

2. Den Speck halbieren und in 0,5 cm dicke Scheiben schneiden. Ich habe festgestellt, dass es besser ist, ihn vorher zu grillen, da er sonst im Dutch Oven so „latschig" wird. Also erst einmal eine schöne Kruste verpassen und dann wieder vom Grill nehmen.

3. Dann den Schweinenacken in 1,5–2 cm dicke Scheiben schneiden. In eine Schale geben und zusammen mit dem Rub vermischen. Kurz einwirken lassen und in der Zwischenzeit den Knoblauch schälen und fein hacken. Zusammen mit dem Paprika- und Tomatenmark auf das Fleisch geben. Die Gemüsezwiebeln schälen, in 0,5 cm dicke Scheiben schneiden und die einzelnen Ringe nicht trennen, sodass tatsächlich Scheiben entstehen. Dann die roten Zwiebeln schälen und achteln.

4. Den Dutch Oven zum Befüllen am besten auf die Seite kippen und abwechselnd Fleisch, Zwiebelscheiben und Speck hineinschichten, bis der Dutch Oven voll ist. Bei meinem DO9 hat die Menge genau gepasst. Den Topf wieder aufrichten und die roten Zwiebeln darüber verteilen. Die müsst ihr nicht extra auseinanderzupfen, einfach die Stücke hineingeben. Nun noch den Rinderfond über das Ganze gießen und zum Schluss die BBQ-Sauce darüber verteilen. Den Deckel auflegen. Ich lege immer ca. 12–15 Briketts auf den Deckel und ca. 16–18 unter den Dutch Oven. Das Zwiebel-Schichtfleisch ca. 2,5 Stunden köcheln lassen.

PORK CHOPS BURGER

Für dieses Gericht empfehle ich, eine Edelstahlschale zu nutzen, die in den Grill gestellt wird. Es funktioniert aber auch im Dutch Oven. Diese Nackensteak-Burger sind etwas ganz Besonderes. Sehr zartes und saftiges Fleisch, das im Mund zergeht. Einfach ein Traum! Funktioniert natürlich auch mit Schweinerücken, aber der Nacken ist zarter.

ZUTATEN

FÜR 8 PORTIONEN

8 Nackensteaks
(je ca. 250 g oder 3 cm dick)

6 EL Rub nach Wahl

1 große Zwiebel

50 ml Apfelessig

100 ml Honig

200 ml BBQ-Sauce

50 g Butter

8 Burger Buns

etwas Salat

AUSSERDEM

2 Edelstahlschalen
(alternativ 1 Schale + Alufolie zum Abdecken)

ZUBEREITUNG

1. Den Grill zunächst auf direkte Hitze vorheizen.

2. Die Nackensteaks mit dem Rub von beiden Seiten kräftig würzen, 30 Minuten marinieren lassen und anschließend scharf angrillen. Dann in die Schale geben. Idealerweise machst du so viel Fleisch fertig, wie nebeneinandergelegt in deine Edelstahlschale passt.

3. Die Zwiebel schälen, halbieren, in halbe Ringe schneiden und über dem Fleisch verteilen. Dann Essig, Honig und BBQ-Sauce darüber verteilen. Nun noch einige Butterflöckchen über das Ganze geben und die Schale mit einer 2. Schale oder Alufolie dicht abdecken. Der Umwelt zuliebe nutze ich lieber eine 2. Schale. Ihr solltet nur darauf achten, dass die Schalen schön dicht übereinanderliegen. Den Grill wieder auf indirekte Hitze einregeln und das Fleisch für 3 Stunden garen lassen.

4. Zum Schluss die Burger Buns von den Innenseiten antoasten. Auf die untere Seite etwas Salat legen, dann eine Scheibe Fleisch und etwas von den mitgegarten Zwiebeln darauf. Jetzt nur noch zudecken und genießen.

KAPITEL 5

VOM RIND

MALZBIERFLEISCH

Hier habe ich die klassische deutsche Schmorküche mit typischem BBQ-Geschmack gemischt. Das Ergebnis ist ein echter Traum! Ich habe dazu ein angeröstetes Graubrot und eingelegte Zwiebeln gegessen. Das Leben kann so schön sein.

ZUTATEN

FÜR 10 PORTIONEN

1 falsches Filet vom Rind (ca. 1,5 kg)

Salz, Pfeffer

1 kleine Stange Lauch

2 Möhren

¼ Knollensellerie

1 Gemüsezwiebel

3 Knoblauchzehen

3 EL Tomatenmark

3 EL Rub (am besten mit Paprika)

Essig

3 EL Worcestersauce

½ Bund Petersilie

1 l Malzbier

500 ml BBQ-Sauce

AUSSERDEM

10 Scheiben Sauerteigbrot

eingelegte Zwiebelringe

ZUBEREITUNG

1. Den Dutch Oven auf hohe Hitze zum Anbraten vorheizen.

2. Das falsche Filet abtupfen, salzen und pfeffern. Das Fleisch rundherum scharf anbraten und dann herausnehmen. In der Zwischenzeit den Lauch waschen, Möhren, Sellerie, Zwiebel und Knoblauch schälen und das ganze Gemüse klein schneiden. Bis auf den Knoblauch ebenfalls alles im Dutch Oven anbraten, bis sich leichte Röstaromen bilden. Erst dann den Knoblauch kurz mit anbraten. Anschließend das Tomatenmark in den Dutch Oven und kurz anrösten. Rub hinzugeben und alles vermischen. 1 Schuss Essig und die Worcestersauce dazugeben. Die Petersilie waschen, trocken schütteln, die Blätter abzupfen, fein hacken und ebenfalls hinzufügen. Alles mit Malzbier ablöschen. Nun noch die BBQ-Sauce hinzugeben, alles umrühren und auch das Fleisch wieder in den Dutch Oven geben.

3. Deckel schließen und 3 Stunden bei niedriger Temperatur köcheln lassen. Das lässt sich gut hören. Wenn man es zu stark kochen lässt, besteht die Gefahr, dass die Flüssigkeit nicht reicht. Sollte das passieren, einfach etwas Malzbier nachgießen.

4. Zum Schluss das fast verkochte Gemüse mit einem Kartoffelstampfer im Dutch Oven zerstampfen, sodass keine größeren Stücke mehr sichtbar sind. Dann das Fleisch in der Sauce zerrupfen und alles vermischen. Mit Sauerteigbrot und eingelegten Zwiebeln servieren und genießen!

PULLED BEEF CHEESE SANDWICH

Dieses Sandwich ist der Hammer! Viel Käse und zartes Rindfleisch mit einer fantastischen Sauce. Mich hat es an eine Mischung aus Rinderbraten, Käsefondue und BBQ-Sauce erinnert! Drei tolle Geschmäcker in einem!

ZUTATEN

FÜR 8 PORTIONEN

1 kg Rindfleisch (Kugel oder anderes)

Salz, Pfeffer

Senf

4 EL Rub (am besten mit Paprika)

2 Gemüsezwiebeln

2 rote Spitzpaprika

1 grüne Paprika

3 Knoblauchzehen

1 Zucchini

4 Tomaten

3 Chilischoten

400 ml Rinderfond

400–600 g Gruyère

8 Scheiben Toast

ZUBEREITUNG

1. Den Dutch Oven zum direkten Anbraten auf hohe Temperatur vorheizen.

2. Das Fleischstück in 6–8 kleinere Stücke schneiden. In einer Schüssel mit Salz, Pfeffer, Senf sowie Rub einreiben.

3. Nun Zwiebeln, Spitzpaprika, Paprika, Knoblauch, Zucchini, Tomaten und Chili waschen bzw. schälen, putzen und alles grob in Streifen und Streifen schneiden. Dann entweder auf dem Grill oder im Dutch Oven anbraten, bis deutliche Röstaromen erkennbar sind. Es dürfen ruhig einige schwarze Stellen zu sehen sein. Alles herausnehmen und, falls gewünscht, die geschwärzte Haut der Paprika entfernen.

4. Als Nächstes das Fleisch scharf anbraten. Währenddessen das Gemüse mit einem Pürierstab pürieren und danach zum Fleisch geben, sobald dieses rundherum angebraten ist. Dann den Rinderfond sowie Salz und Pfeffer in den Dutch Oven geben. Deckel schließen und ca. 3 Stunden bei niedriger Temperatur schmoren lassen, bis das Fleisch weich ist. Anschließend in der Sauce zerzupfen. Das funktioniert am besten mit 2 Gabeln.

5. Vor dem Belegen des Sandwich den Käse reiben und den Grill auf indirektes Grillen vorheizen. Die unteren vier Toastscheiben mit Senf bestreichen und mit geriebenem Käse belegen. Nun das Fleisch daraufgeben und wieder mit Käse belegen. Zum Schluss noch eine Scheibe Toast darauf und wieder Käse oben drüber (ihr merkt schon, das Rezept ist nicht unbedingt diätgeeignet). Den Toast entweder so in den Grill oder auf Backpapier legen und indirekt grillen, bis der Käse zerläuft.

TOMAHAWK STEAK

Das Tomahawk-Steak ist ein dick geschnittenes Entrecôte bzw. Ribeye Steak und wird aus dem hinteren Teil der Hochrippe bis in Roastbeef hinein geschnitten. Der Rippenknochen wird komplett am Fleisch gelassen, durch die axtähnliche Optik entsteht der Name „Tomahawk".

Das Entrecôte und Ribeye haben eine ähnliche Optik und unterscheiden sich hierzulande nur noch marginal in der Positionierung des Cuts. Der einzige – buchstäblich große – Unterschied vom Tomahawk Steak zu Entrecôte und Ribeye ist der Knochen und dadurch die Dicke des Zuschnitts. Der Knochen ist in erster Linie ein Showeffekt, er bringt diesen gewissen Höhlenmenscheneffekt mit sich. Die Behauptung, dass durch den Knochen viel Geschmack ans Fleisch abgegeben wird, trifft hier eher weniger zu, da dafür lange Garzeiten, wie beim Schmoren, nötig wären.

Das Tomahawk Steak ist sehr saftig, da es aus dem Rücken stammt und relativ viel Fett enthält, aber dafür wenig Kollagen. Kollagene sind Strukturproteine, die beim Grillen für das Kurzbraten eine Rolle spielen – während der kurzen Zeit bei hoher Hitze können nur Stücke mit wenig Kollagen weich gegrillt werden. Dann entsteht beim Kurzbraten ein loses Eiweißgeflecht, das Feuchtigkeit bindet und demnach das Fleisch schön saftig macht. Das Tomahawk Steak ist also mit wenig enthaltenem Kollagen perfekt für das Kurzbraten geeignet und wird dadurch perfekt zart.

MUSKELN

Das Tomahawk Steak besteht aus einem Schnitt durch verschiedene Muskeln. Zum einen ist da der Spinalis Dorsi, der für die Wirbelsäulenaufrichtung zuständig ist. Auf der anderen Seite liegt dann auch noch der Longissimus Dorsi – dieser verleiht auch dem Ribeye Steak seinen Namen. Das „Auge" ist hier nämlich nicht, wie oft angenommen, ein Fettauge zwischen den Muskeln, sondern der zweite Muskel, der durch das Steak verläuft. Der Schnitt durch beide Muskeln hat den Vorteil, dass das Fleisch etwas gröber in der Textur ist als zum Beispiel das flache, runde Roastbeef weiter hinten aus dem Rinderrücken. Das Tomahawk Steak enthält viel intramuskuläres Fett und ist deswegen sehr feinfaserig durchzogen.

ZUR DICKE

Das Tomahawk ist meist dick geschnitten und daher relativ leicht zu grillen. Wenn wir scharf angrillen, dann damit wir Röstaromen am Fleisch haben – und vor allem eine schöne Optik. Bei einem schwachen Grill ist mehr Zeit zum Anrösten nötig, und der Garpunkt zieht weiter ins Fleisch hinein. Daher ist ein dünnes Steak schneller durch (oder auch gerne mal drüber). Außerdem halten euch eure Freunde und Freundinnen für so richtig coole Griller und Grillerinnen, wenn ihr so einen Humpen grillt. ;)

ZUR WÜRZE

Gewürzt wird das Tomahawk Steak erst ganz zum Schluss, wenn es nicht mehr auf dem Grill liegt – ansonsten verbrennen in der scharfen Angrillphase am Anfang die Gewürze und werden im besten Fall bitter, im schlechtesten Fall schmeckt es verbrannt.

⟶

ZUBEREITUNG

TOMAHAWK STEAK

Das Tomahawk Steak zählt mittlerweile zu den beliebtesten Steak-Zuschnitten. Es ist ein dick geschnittenes Rib Eye Steak und wird aus dem hinteren Teil der Hochrippe bis ins Roastbeef hinein geschnitten. Der Rippenknochen bleibt komplett am Fleisch, wodurch dieses Steak schön rustikal aussieht. Dadurch hat es auch seinen Namen „Tomahawk": weil es aussieht wie eine Axt.

ZUTATEN

FÜR 1 STEAK

1 Tomahawk Steak (ca. 1–1,5 kg)

Salz

Pfeffer

ZUBEREITUNG

Das Grillen des Tomahawks ist nicht schwer, da ein dickes Steak einfacher zu grillen ist als ein dünnes. Wichtig ist nur das scharfe Angrillen, um Röstaromen an das Fleisch zu bekommen. Dann folgt eine längere indirekte Phase zum Garziehen bis auf den gewünschten Gargrad. Ich empfehle eine Kerntemperatur von 53–55 °C, also medium rare bis medium.

MIT DEM KUGELGRILL

1. Kugelgrill auf direktes und indirektes Grillen vorbereiten (Holzkohle oder Briketts auf eine Seite legen, um darüber eine sehr heiße Zone zu schaffen) .

2. Für ca. 60–90 Sekunden scharf angrillen, dann um 90 °C drehen und noch einmal 60–90 Sekunden grillen. Dann wenden und das Gleiche noch einmal wiederholen. Anschließend in den Bereich legen, wo keine Kohle liegt. Deckel zu, ggf. die Zuluft schließen. Thermometer seitlich in das Steak stecken und warten, bis die gewünschte Kerntemperatur erreicht ist. Nach dem Grillen ca. 3 Minuten ruhen lassen, dann anschneiden und mit grobem Salz und Pfeffer bestreuen.

MIT DEM GASGRILL

Den Gasgrill so regeln, dass mindestens 2 Brenner eine heiße, direkte Zone schaffen. Scharf angrillen, wie oben beschrieben. Anschließend in einen Bereich legen, unter dem keine Brenner an sind. Ggf. einen Brenner ausschalten, um die Temperatur im Grill nicht zu hoch werden zu lassen. Dort indirekt bis zur Kerntemperatur weiter grillen.

COLA-BÄLLCHEN MIT KARTOFFELN

Fluffige Hackbällchen in einer leckeren Sauce und mit viel Käse. Darunter Kartoffeln, die vom Geschmack des Ganzen gegart werden. Das Landbier (bitte kein Pils, das wird im Gericht zu bitter) gibt den Hackbällchen einen tollen Pfiff.

ZUTATEN

FÜR 5–6 PORTIONEN

4 Scheiben Toast

1 Flasche Landbier (alternativ 500 ml Milch)

1 Zwiebel

2 Knoblauchzehen

800 g gemischtes Hackfleisch (alternativ Rind)

1 Ei (Größe M)

4 EL Rub nach Wahl

Salz, Pfeffer, Öl zum Braten

600 g vorwiegend festkochende Kartoffeln

100 g Käse (z. B. Mozzarella und Cheddar)

Petersilie zum Garnieren

FÜR DIE SAUCE

200 ml kräftiges Ketchup

1 EL edelsüßes Paprikapulver

Salz, Pfeffer

1 TL Zwiebelpulver

1 Knoblauchzehe

3 EL Worcestersauce

400 ml Cola

ZUBEREITUNG

1. Den Dutch Oven oder noch besser eine Gusseisenpfanne auf hohe Hitze vorheizen.

2. Den Toast mit dem Landbier übergießen und vollsaugen lassen. Die Zwiebel und den Knoblauch schälen und fein würfeln. Zusammen mit dem Hackfleisch und dem Ei vermengen. Mit Rub, Salz und Pfeffer würzen. Den Toast etwas auspressen und zum Fleisch geben. Alles gut durchkneten, Bällchen formen und diese dann in Öl rundherum anbraten.

3. In der Zeit die Kartoffeln schälen und in Würfel schneiden. Dann die Zutaten für die Sauce vermischen. Wenn die Hackbällchen fertig sind, aus der Pfanne nehmen und die Kartoffeln hineingeben. Mit Salz und Pfeffer würzen und vermischen. Nun die Hackbällchen über den Kartoffeln verteilen und die Sauce darübergießen.

4. Den Deckel eines Dutch Ovens auf die Pfanne oder den Dutch Oven geben (er passt oft auch auf Pfannen) und bei niedriger Temperatur entweder auf dem Seitenbrenner, im Grill oder auch mit einigen Briketts unter dem Dutch Oven für ca. 25 Minuten garen. Den Käse reiben, über alles geben und weitere 10 Minuten garen, bis die Kartoffeln weich sind. Zum Schluss die Petersilie waschen, trocken schütteln, hacken und als Garnitur auf die Bällchen geben.

KALBSKARREE

Ein Kalbskarree ist etwas ganz Besonderes! Sehr zart, sehr saftig und mit der Marinade richtig lecker. Als Zubehör empfehle ich eine Schale, die zwischen die Kohlekörbe im Kugelgrill passt, und den „Deckelhalter" (eigentlich Abtropfgitter) vom schwedischen Kaufhaus. Kunststofffüße entfernen nicht vergessen!

ZUTATEN

FÜR 4 PORTIONEN

4 Knoblauchzehen

Weißweinessig

50 ml Olivenöl

Salz, Pfeffer

1 Kalbskarree (ca. 1,4 kg)

8 Streifen Frühstücksspeck

je 1 kleines Bund Salbei und Rosmarin

Wenn du einen Kugelgrill mit Luftsteuerung verwendest, die Fächer unten und die Luftausgänge im Deckel so einstellen, dass sie nur einen Spalt geöffnet sind.

ZUBEREITUNG

1. Den Grill auf indirekte Hitze vorheizen. Am besten gelingt der Braten, wenn ihr die Hitze dabei von beiden Seiten wirken lasst, also im Gasgrill wie üblich Brenner links und rechts neben dem Braten und im Kugelgrill Kohlekörbe links und rechts aufstellen. Solltet ihr keine Kohlekörbe haben, dann einfach die Briketts links und rechts auf das Kohlerost kippen.

2. Knoblauch schälen und klein hacken. Mit 1 Schuss Weißweinessig und dem Olivenöl vermischen und mit Salz und Pfeffer würzen.

3. Den Deckelhalter auseinanderziehen und das Karree hineinlegen, sodass die Knochen nach oben schauen. Der Deckelhalter fixiert das Fleischstück, sodass es nicht umkippt. Die Knochen mit je 2 Scheiben Speck umwickeln. Das Fleisch mit der Marinade bepinseln. Anschließend das „Gestell" in den Grill geben und bis zu einer Kerntemperatur von 56–57 °C grillen. Die Hitze sollte im Grill nicht zu hoch sein und um die 160 °C liegen.

GULASCH

Gulasch, wie wir es meist kennen, heißt in Ungarn „Pörkölt“. „Gulasch“ ist stattdessen eine Suppe, die ähnlich dem Pörkölt ist, aber eben auch viel flüssiger. Wenn ich hier von Gulasch spreche, meine ich also das Rezept eines wunderbaren Pörkölts. Wir mögen es offenbar in Deutschland lieber unter dem Namen „Gulasch“. Bei der Zubereitung sind 2 Dinge wichtig: Zwiebeln und Fleisch im Verhältnis 1:1 und das Fleisch muss Fett und Sehnen enthalten. Das sorgt für eine wunderbare Konsistenz. Und keine Sorge, die Sehnen schmoren weg.

ZUTATEN

FÜR EINEN DUTCH OVEN DO10

2 kg Zwiebeln

2 kg Rindfleisch

1 EL Kümmelsamen

1 Bio-Zitrone

4 Knoblauchzehen

1 TL Schweineschmalz

Salz, Pfeffer

4 EL edelsüßes Paprikapulver

4–5 EL Tomatenmark

1 Dose stückige Tomaten (400 g)

400 ml Rotwein

400 ml Rinderfond

4 Lorbeerblätter

5–6 Zweige Majoran (alternativ 1 EL getrockneter Majoran)

ZUBEREITUNG

1. Den Dutch Oven auf mittlere Hitze vorheizen.

2. Zwiebeln schälen und in Würfel schneiden, das Fleisch in ca. 3–4 cm große Würfel schneiden. Den Kümmel kurz in den Dutch Oven geben und leicht anrösten. Dabei reichen ca. 30 Sekunden. Anschließend wieder herausnehmen und in einen Mörser geben. Die Zitrone heiß abwaschen, die Schale abreiben und hinzugeben. Den Knoblauch schälen, fein hacken, ebenfalls in den Mörser geben und alles noch einmal mörsern.

3. In der Zwischenzeit die Zwiebeln im Dutch Oven im Schmalz bei mittlerer Temperatur glasig anbraten. Anschließend das Fleisch hinzugeben. Für ein echtes Pörkölt braucht es keine Röstaromen. Das Fleisch nun mit 2 TL Salz, 1 TL Pfeffer und dem Paprikapulver würzen. Wer mag, kann auch gerne noch 1 EL scharfes Paprikapulver hinzugeben. Dann das Tomatenmark mit unterrühren und kurz mit anschwitzen. Die Dosentomaten und den Inhalt des Mörsers mit einrühren. Rotwein, Rinderfond und die Lorbeerblätter dazugeben, den Deckel schließen und für 3 Stunden alles leicht köcheln lassen. Zwischendurch überprüfen, ob noch genug Flüssigkeit vorhanden ist, ggf. Fond nachgeben. Ganz zum Schluss den Majoran waschen, trocken schütteln, die Blätter abzupfen, klein hacken und einrühren.

PHILLY CHEESE STEAK

Das berühmte Sandwich aus Philadelphia. Hier sind gute Fleischqualität und die Wahl des richtigen Käses der Schlüssel zum Erfolg. Das Sub oder Sandwichbrot dafür backe ich gerne selbst. Auf meinem YouTube-Kanal findet ihr z. B. ein Rezept für ein fantastisches Parmesan-Oregano-Sub.

ZUTATEN

FÜR 2 SANDWICHES

1 Ribeye Steak (ca. 350–400 g)

Öl zum Braten

1 Gemüsezwiebel

3 EL Butter

1 Baguette
(z. B. Parmesan-Oregano-Sub)

Salz, Pfeffer

4 Scheiben Provolone

ZUBEREITUNG

1. Das Rib Eye Steak für 1 Stunde in der Gefriertruhe anfrieren lassen, dann lässt es sich besser in dünne Scheiben schneiden. Dazu nutzt du am besten eine Küchenmaschine, denn 2 mm dünne Scheiben sind mit dem Messer echt schwierig zu schneiden. Den Grill mit einer Gusseisenplatte bestücken, mit etwas Öl beträufeln und für direkte Hitze vorheizen (Flamme unter der Platte).

2. Die Zwiebel schälen und in Würfel schneiden. Die Butter in einer Pfanne oder der Mikrowelle zerlassen. Zur Vorbereitung schon einmal das Sub der Länge nach aufschneiden und innen mit der flüssigen Butter bestreichen. Das Sub schneide ich nicht komplett durch, dann lässt sich das Ganze nachher besser essen.

3. Die Zwiebelwürfel auf der Gusseisenplatte anbraten, bis sie glasig sind. Anschließend herunternehmen und in einer Schale zwischenlagern. Nun das Sub mit den Innenseiten auf die Platte legen, kurz anrösten und wieder herunternehmen. Dann das Fleisch auf die Platte geben, salzen, pfeffern und anbraten.

4. Wenn das Fleisch durchgehend angebraten ist, die Zwiebeln dazugeben und alles gründlich vermischen. Dann daraus auf der Platte 2 Bahnen formen, die die Größe eines Subs haben, und darüber je 2 Scheiben Provolone legen. Durch die Hitze schmilzt der Käse direkt auf dem Fleisch. Ich greife anschließend gerne einfach mit dem Sub das Fleisch heraus. Wer sich das nicht traut, kann es auch mit einem Pfannenwender herausholen und in das Brot geben.

ISKENDER KEBAP

Dieses Kebap ist in der Türkei sehr bekannt und beliebt. Daher zählt es sicher zu den besten Gerichten der türkischen Küche. Auch ich war richtig begeistert. Dieses Rezept habe ich von einer älteren Türkin aus Iskenderun.

ZUTATEN

FÜR 4 PORTIONEN

1 Gemüsezwiebel

6 EL Joghurt (10 % Fett)

60–70 ml Olivenöl

je 1 TL Pul Biber, gemahlener Kreuzkümmel

je ½ TL Cayennepfeffer und schwarzer Pfeffer

Salz

2 TL getrockneter Thymian

800 g Rinderhüfte

½ Fladenbrot

Öl zum Braten

250 g Butter

4 grüne Spitzpaprika

2 EL Tomatenmark

2 große Tomaten

2–3 Knoblauchzehen

2 EL Limettensaft

Blattpetersilie zum Garnieren

ZUBEREITUNG

1. Wir beginnen am Vortag mit dem Marinieren des Fleisches. Hierzu die Gemüsezwiebel schälen und mit einer Vierkantreibe sehr fein reiben. Das Püree gibst du anschließend in eine Schüssel. 2 gehäufte EL des türkischen Joghurts, das Olivenöl, Pul Biber, Kreuzkümmel, Cayennepfeffer, schwarzen Pfeffer, 1 TL Salz und 1 TL Thymian hinzufügen. Alles mit einem Schneebesen gut vermischen. Das Fleisch halbieren und in dünnen Streifen schneiden. Diese in die Marinade geben, abdecken und über Nacht gut durchziehen lassen.

2. Am nächsten Tag das Fladenbrot in mundgerechte Würfel schneiden. Wenn du ein sehr großes ovales Fladenbrot aus dem türkischen Supermarkt bekommst, reicht auch die Hälfte. Das Fleisch nun aus der Marinade nehmen und mit etwas Öl in einer heißen Pfanne anbraten (je nach Größe der Pfanne ggf. in 2 Etappen). Ca. 30 g Butter in die Pfanne dazugeben.

3. In der Zwischenzeit die Spitzpaprika halbieren, putzen, waschen und klein schneiden. In einer zweiten Pfanne oder in einem Topf mit etwas Öl und 1 TL Butter anbraten. Sobald die Paprika braune Stellen bekommt, das Tomatenmark hinzugeben und kurz mit anschwitzen. Die Tomaten waschen, putzen, in kleine Würfel schneiden und ebenfalls mit anbraten. Mit 200–300 ml Wasser aufgießen und alles verrühren. 1 TL Thymian sowie Salz und Pfeffer unterrühren und alles bei niedriger Hitze köcheln lassen.

4. In eine Schüssel 4 EL Joghurt geben. Die Knoblauchzehen schälen und fein hacken. Zusammen mit dem Limettensaft und 1 Prise Salz mit dem Joghurt verrühren.

5. Dem Fleisch gönnen wir weitere ca. 30 g Butter, wenn es fertig gebraten ist. Einfach zum Schluss mit in die Pfanne geben und vermengen. Dann das Fleisch herausnehmen und die Brotwürfel in derselben Pfanne anrösten. Natürlich kommt auch hier wieder ein großzügiger TL Butter mit in die Pfanne.

6. Zum Anrichten die Brotwürfel auf eine Platte legen. Die Joghurtsauce nach Belieben darüber verteilen, dann mit dem Fleisch belegen. Mit der Tomaten-Paprika-Sauce übergießen. Die Petersilie waschen, trocken schütteln, die Blätter abzupfen, fein hacken und das Iskender Kebab damit garnieren. Wer mag, kann noch ein geschmackliches und vor allem optisches Highlight hinzufügen und 2 weitere Spitzpaprika sowie einige Tomatenhälften anbraten und mit auf die Platte legen. Zum Schluss wird nach Belieben noch heiße geschmolzene Butter über das Ganze gegossen und dann alles serviert.

SLOPPY JOE

Der Namen „schlampiger Joe“ hat durchaus seine Berechtigung! Es ist beim Essen eine Sauerei, die sich aber lohnt. Der Geschmack und die Zubereitung sind sehr simpel, darum habe ich ihn nach meinen Vorstellungen etwas aufpoliert und eine Chili Cheese Sauce dazu gemacht.

ZUTATEN

FÜR 6 PORTIONEN

FÜR DIE SAUCE

70 g Butter

5 EL Mehl

ca. 300 ml Milch

150 g Cheddar

1 EL Cayennepfeffer

Salz, Pfeffer

2 EL eingelegte Jalapeños

FÜR DIE SLOPPY JOES

500 g Rinderhackfleisch

Salz, Pfeffer

1 Zwiebel

2 Knoblauchzehen

Öl zum Braten

3 EL Tomatenmark

2 EL Essig

2 EL Worcestersauce

400 ml Rinderfond

6 Burger Buns

ZUBEREITUNG

1. Den Grill auf Räuchern bei ca. 100 °C vorheizen.

2. Zuerst kümmern wir uns um die Käsesauce. Selbst wenn sie abkühlt, kann man sie wieder aufwärmen, indem man etwas Hitze und Milch hinzufügt. Dann wird sie wieder schön cremig. Grundlage hierfür ist eine Mehlschwitze. Dazu in einem Dutch Oven oder in einem Topf Butter schmelzen lassen. Die Temperatur darf dabei nicht hoch sein, weil die Butter sonst braun wird. Dann das Mehl hinzugeben und gut verrühren. Anschließend nach und nach die Milch einrühren. Den Käse reiben, untermischen und mit Cayennepfeffer, etwas Salz und Pfeffer würzen. Die Jalapeños abtropfen lassen, klein hacken und ebenfalls hinzufügen. Jetzt die Käsesauce erst einmal beiseitestellen. Wir brauchen sie erst später wieder.

3. Das Fleisch in eine Schüssel geben und mit Salz und Pfeffer mischen. Forme einige Burger-Pattys und räuchere sie für 10–15 Minuten. In der Zwischenzeit eine Gusseisenpfanne erhitzen. Die Zwiebel und den Knoblauch schälen und beides fein hacken. Das geräucherte Hackfleisch mit etwas Öl in die Pfanne geben und krümelig anbraten. Zwiebeln und Knoblauch mit anrösten, bis die Zwiebeln glasig sind. Dann das Tomatenmark und kurz darauf den Essig einrühren. Anschließend Worcestersauce, Rinderfond sowie Salz und Pfeffer mit verrühren und köcheln lassen, bis das Ganze nach einigen Minuten etwas eindickt.

4. Die Innenseiten der Burger Buns antoasten und mit der Hackfleischmasse belegen. Darüber die Käsesauce geben und mit der oberen Hälfte des Buns zudecken.

1895-BURGER

Dieses Rezept war der erste Burger der Welt! So wurde er gemacht und wird im Louis Lunch Diner in New Haven, Connecticut, auch heute noch zubereitet. Exakt gleich seit 1895. Ich habe ihn getestet und war derart begeistert, dass er seitdem in jedem meiner Grillseminare vorkam. Einfach ein Traum! Das Fleisch wird eigentlich in einem hochkant stehenden toasterähnlichen Gasgrill gegrillt. Mangels eines solchen Grills nutze ich stattdessen einen Fischkorb, um Fleisch und Zwiebeln zusammengepresst auf meinem Gasgrill zu grillen.

ZUTATEN

FÜR 2 BURGER

260 g Rinderhackfleisch

Salz, Pfeffer

1 Zwiebel

4 Scheiben Toast

2 EL Schmelzkäse

1 Tomate

Wenn möglich, lass dir das Hackfleisch beim Metzger direkt grob wolfen.

ZUBEREITUNG

1. Den Grill auf direkte Hitze vorheizen.

2. Das Rinderhack mit etwas Salz und Pfeffer verkneten und zu 2 Pattys formen. Den Fischkorb öffnen und die Pattys hineinlegen. Nun die Zwiebel schälen und in Scheiben schneiden, dabei die Ringe nicht herausdrücken. Die Pattys mit den Scheiben belegen, sodass sie komplett von Zwiebeln bedeckt sind. Dann den Korb zuklappen und auf den Grill legen. So fallen die Zwiebeln nicht runter und geben ihren Geschmack ans Fleisch weiter.

3. In der Zwischenzeit die Toastscheiben von beiden Seiten antoasten und danach jeweils eine Seite mit Schmelzkäse bestreichen. In den USA nutzt man dazu Cheese Spread, das ist zwar auch ein streichbarer Käse, aber die Zutatenliste hat mich doch zu herkömmlichem Schmelzkäse greifen lassen.

4. Die Tomate waschen und in große Scheiben schneiden. Wenn das Fleisch von beiden Seiten medium gegrillt ist, herunternehmen und auf den Schmelzkäse geben, eine Scheibe Tomate darauflegen und mit der zweiten Toastscheibe zudecken. Schneide den Burger zum Servieren einmal diagonal durch. Du wirst sehen, mehr als diese Zutaten braucht ein Burger nicht.

WAR FRIES BURGER

Es gibt manchmal seltsam klingende Burger und seltsam anmutende Zutaten. So auch hier. Inspiriert vom niederländischen Gericht „Patatje Oorlog“, das sind Pommes mit Majo und einer Erdnusssauce, habe ich mir diesen Burger ausgedacht. „Oorlog“ heißt übrigens „Krieg“, weil der Teller danach wie ein Schlachtfeld aussieht. Der Burger ist allerdings ein echter Hingucker, und er schmeckt extrem gut! Also nur Mut zu dieser Kombination.

ZUTATEN

FÜR 2 BURGER

FÜR DIE SAUCE

1 daumengroßes Stück Ingwer

5 Knoblauchzehen

Öl zum Braten

400 ml Kokosmilch

3 EL Erdnussbutter

je 1 Schuss Sojasauce und Limettensaft

2 Msp. Thai-Currypaste

Salz

2 EL Honig

FÜR DIE BURGER

350 g Rinderhackfleisch

Salz, Pfeffer

2 Burger Buns

½ Zwiebel

einige Pommes

Öl zum Frittieren

2 große Salatblätter

Mayonnaise

ZUBEREITUNG

1. Eine Gusspfanne auf niedrige Temperatur vorheizen. Für die Sauce Ingwer und Knoblauch schälen, sehr klein hacken und in der Pfanne mit etwas Öl anrösten. Mit der Kokosmilch ablöschen und dann die Erdnussbutter einrühren. Sojasauce, Limettensaft, die Currypaste, Salz und den Honig dazugeben. Alles bei niedriger Hitze köcheln lassen und etwas reduzieren. Dann beiseitestellen.

2. Aus dem Hackfleisch 2 Kugeln formen und auf eine heiße Gusseisenplatte legen. Mit einem Pfannenwender oder der flachen Hand (Vorsicht! Heiß!) platt drücken, salzen und pfeffern und von beiden Seiten grillen. Du kannst auch schon die Burger Buns an den Innenseiten antoasten, damit alles gleichzeitig fertig ist. In der Zwischenzeit die Zwiebel schälen, würfeln und auch schon die Pommes ins heiße Öl geben.

3. Wenn alles fertig ist (damit meine ich vor allem das Fleisch), etwas Salat auf die untere Hälfte der Burger Buns legen. Erdnusssauce dazugeben und darauf erst das Fleisch legen. Pommes obendrauf. Nun wieder Erdnusssauce, die Mayonnaise und einige rohe Zwiebelwürfel darüber und zudecken. Eet smakelijk!

PEANUT CHERRY BACON BURGER

Die Kombination von Speck, Erdnussbutter und Kirschgelee klingt erst einmal – vorsichtig gesagt – ungewöhnlich. Aber sie ist mittlerweile bestens erprobt und führt zu wahren Begeisterungsstürmen bei denen, die diesen Burger schon ausprobiert haben. Auch ihr werdet ihn lieben!

ZUTATEN

FÜR 2 BURGER

8 EL Kirschgelee

4 EL BBQ-Sauce mit Senf

8 Scheiben Frühstücksspeck

400 g Rinderhackfleisch

Salz, Pfeffer

2 Scheiben Cheddar

2 Burger Buns

2 EL Erdnussbutter

2 große Salatblätter

ZUBEREITUNG

1. Eine Gussplatte auf den Grill legen und auf mittlere bis hohe Temperatur vorheizen.

2. Kirschgelee und BBQ-Sauce in einem Topf vermischen und erhitzen. Die Speckstreifen auf der Platte anbraten und herunternehmen (wenn genug Platz da ist, zusammen mit dem Hackfleisch anbraten). Das Hackfleisch mit Salz und Pfeffer würzen und kräftig kneten. Dann 2 flache Fleischscheiben formen, auf die Gussplatte legen und von beiden Seiten scharf angrillen. Anschließend in den indirekten Bereich legen und gar ziehen lassen, bis Saft austritt. Der Burger sollte dann medium sein. Kurz vorher Käse auf das Fleisch legen und schmelzen lassen.

3. In der Zwischenzeit die Buns antoasten. Zum Belegen zunächst die Unterseite der Burger Buns mit Erdnussbutter bestreichen. Darüber kommt Salat, dann der Speck, das Fleisch mit dem Käse und 2 EL der Kirschsauce. Zudecken und reinbeißen.

TEXAS JAILHOUSE CHILI

Ein richtiges Chili braucht keine Bohnen, sondern nur Fleisch, eine gute Sauce und ordentlich Chili. Wenn ich dieses Rezept zubereite, steht mir direkt der Schweiß auf der Stirn, aber es ist so lecker, dass man es dennoch isst und extrem glücklich dabei ist. Was sonst auf der Welt tut weh und macht glücklich?

ZUTATEN

FÜR 10 PORTIONEN

1 kg Rinderbraten (alternativ Gulasch)

200 g Chorizo (spanische, luftgetrocknete Rohwurst)

Öl zum Braten

2 Zwiebeln

300 g Rinderhackfleisch

3 Knoblauchzehen

2 scharfe rote Thai-Chilis

5 EL Tomatenmark

3 EL Worcestersauce

je 2 EL Sriracha-Sauce und Essig

je 1 EL getrockneter Majoran, Zucker, getrockneter Oregano

Salz, Pfeffer

1–2 EL gemahlener Kreuzkümmel (nach Belieben)

15 Scheiben eingelegte Jalapeños

1 Dose stückige Tomaten (400 g)

400 ml Rinderfond

500 ml Landbier

1 Tasse Kaffee

100 g Zartbitterschokolade (mind. 60 % Kakaoanteil)

ZUBEREITUNG

1. Den Dutch Oven auf hohe Hitze vorheizen.

2. Das Rindfleisch und die Chorizo in mundgerechte Stücke schneiden und im Dutch Oven in etwas Öl scharf anbraten. Anschließend herausnehmen.

3. In der Zwischenzeit die Zwiebeln schälen und würfeln. Zusammen mit dem Hackfleisch in derselben Pfanne anbraten. Wenn die Zwiebeln glasig sind, den Knoblauch schälen und hineinpressen oder fein geschnitten dazugeben. Die Chilis waschen, putzen, klein schneiden und ebenfalls kurz mit anrösten. Dann Tomatenmark unterrühren, das angebratene Fleisch und alle weiteren Zutaten bis auf die Schokolade und den Kaffee in den Dutch Oven geben. Alles gut verrühren und den Deckel schließen. Hier reicht es, wenn die Hitze von unten kommt. Lege ca. 15 Briketts unter den Dutch Oven oder stelle ihn auf den Seitenbrenner des Grills. Der Inhalt sollte leicht köcheln.

4. Nach 2 Stunden die Schokolade hinzufügen. Das gibt eine tolle Farbe und einen kräftigen Geschmack an das Ganze. Umrühren, fertig!

KAPITEL 6

GEFLÜGEL

PULLED CHICKEN TACOS

Diese Tacos kann man sehr gut vorbereiten, und wenn der Besuch angekommen ist, frisch und schnell für viele Personen zubereiten. Alle werden begeistert sein! Gezupftes Hähnchenfleisch mit einer tollen Sauce und viel Käse. Das kann nur gut werden.

ZUTATEN

FÜR 10 TACOS

3 Hähnchenbrustfilets (insgesamt ca. 500 g)

3 EL Rub (am besten mit Paprika)

2 Knoblauchzehen

je 1 grüne und rote Paprika

2 rote Zwiebeln

5 EL Olivenöl

Öl zum Braten

400 ml Gemüsebrühe

1 Dose stückige Tomaten (400 g, alternativ passierte Tomaten)

1 Bund Petersilie

10 Weizentortillas

300 g geriebener Mozzarella

250 g geriebener Cheddar

ZUBEREITUNG

1. Die Hähnchenbrustfilets trocken tupfen, in eine Schüssel legen und mit Rub bestreuen. Knoblauch schälen und fein hacken. Die Paprika halbieren, putzen, waschen und in 3–4 cm lange Streifen schneiden. Die Zwiebeln schälen, eine der beiden in kleine Würfel schneiden und zum Fleisch in eine Schüssel geben. Die Zwiebeln knete ich immer erst, bevor ich sie in die Schüssel gebe, damit der Saft schneller an das Fleisch abgegeben und der Marinierprozess etwas beschleunigt wird. Ggf. an das Ganze noch weitere 2 EL Rub geben und alles mit Olivenöl vermischen. Die Schüssel abdecken und mindestens 1 Stunde in den Kühlschrank stellen.

2. Den Dutch Oven auf hohe Temperatur vorheizen und die Hähnchenbrüste ohne das Gemüse in etwas Öl von beiden Seiten anbraten. Danach die Gemüsebrühe hinzugeben, den Deckel schließen und die Temperatur deutlich reduzieren. Die Hähnchenbrüste nun köcheln lassen, bis sie eine Kerntemperatur von 75 °C haben. Das dauert ungefähr 15 Minuten.

3. Anschließend den Inhalt herausnehmen, in eine flache Schale geben und das Gemüse im Dutch Oven mit etwas Öl anbraten. Wahlweise kann man statt dem Dutch Oven auch eine Pfanne verwenden. In der Zwischenzeit das Hähnchen in die Gemüsebrühe mit 2 Gabeln zerzupfen. In das Gemüse die stückigen Tomaten einrühren und das Fleisch samt Sud hinzugeben. Damit der Taco noch ein wenig Biss hat, schneide ich jetzt noch die zweite Zwiebel klein und gebe später dann frische Zwiebelstückchen mit rein. Die Petersilie waschen, trocken schütteln, die Blätter abzupfen und klein schneiden.

4. Spätestens jetzt sollte die Gussplatte direkt bei mittlerer Temperatur befeuert und aufgeheizt sein. Die Weizentortillas (such dir nicht unbedingt die größten heraus) lege ich nun kurz in das Hähnchen-Gemüse-Gemisch. Anschließend belege ich eine Hälfte mit Hähnchenfleisch und Gemüse, den rohen Zwiebelwürfeln und etwas Petersilie. Auf die andere Hälfte kommt der geriebene Käse. Nun zuklappen und mit mindestens einem Pfannenwender vorsichtig auf die Gussplatte legen und leicht platt drücken (wirklich nur leicht!). Nach 1–2 Minuten wenden und von der anderen Seite anbraten. Wenn man die Tacos hiernach von der Platte nimmt, kann man sie mit den Händen aufreißen, sodass der Käse herrliche Fäden zieht. Man kann sie aber auch einfach so essen.

SAFTIGE HÄHNCHENBRUST

Eine Hähnchenbrust vom Grill ist schnell sehr trocken und schmeckt nicht sonderlich intensiv. Mit dieser Marinade und der richtigen Grillmethode bekommst du sie auf jeden Fall saftig und lecker hin.

ZUTATEN

FÜR 4 HÄHNCHENBRÜSTE

1 Zitrone

2 EL Honig

Salz, Pfeffer

je 1 TL getrockneter Oregano, getrockneter Thymian, gehackte Petersilie

50 ml Olivenöl

2 Knoblauchzehen

4 Hähnchenbrustfilets (insgesamt ca. 1 kg)

ZUBEREITUNG

1. Zitrone auspressen und den Saft mit Honig, den Gewürzen sowie dem Olivenöl in eine Schüssel geben. Den Knoblauch schälen, in dünne Scheibchen schneiden und ebenfalls dazugeben. Die Hähnchenbrüste in die Marinade geben, alles vermischen und mindestens 2 Stunden abgedeckt in den Kühlschrank stellen.

2. Den Grill auf mittlere direkte Hitze vorbereiten. Die Hähnchenbrüste etwas schräg auf den Rost legen. Wenn sich einige Grillstreifen gebildet haben, um ca. 60° drehen, sodass danach ein Rautenmuster am Hähnchen erkennbar ist. Dasselbe nun von der anderen Seite noch einmal wiederholen. Anschließend die Hähnchenteile in den indirekten Bereich legen und bis zu einer Kerntemperatur von 68 °C fertig grillen. Kurz vor Ende der Garzeit noch mal mit der Marinade bepinseln und bis mindestens 70 °C Kerntemperatur grillen. Die Wissenschaft rät vermutlich eher zu 75 °C, aber ab 70 °C werden mögliche Keime abgetötet und mir persönlich reicht das.

JÄGERTOPF MIT HÄHNCHEN

Dieses Rezept hat alles, was es braucht, um einen Grill-Fan glücklich zu machen. Um es mit den Worten meines Sohnes zu sagen, der beim Videodreh hierzu vorbeischaute: „Das ist das Beste, was ich je probiert habe!"

ZUTATEN

FÜR EINEN 10-ZOLL DUTCH OVEN (10–12 PORTIONEN)

800 g Hähnchenbrust

Salz, Pfeffer

4 TL Paprikapulver

2 TL getrockneter Koriander

800 g braune und weiße Champignons

250 g geräucherter Speck

2 Gemüsezwiebeln

3–4 Knoblauchzehen

Butterschmalz zum Braten

je 1 TL gehackter Thymian und Rosmarin

200 ml Weißwein

400 ml Gemüsebrühe

200 g Schmand

ZUBEREITUNG

1. Den Dutch Oven zum Anbraten vorheizen.

2. Die Hähnchenbrüste in ca. 3 cm große Würfel schneiden. 3 TL Salz, 1 TL Pfeffer, Paprikapulver und Koriander in einer Schüssel vermischen, die Hähnchenstücke hineingeben und alles gut vermengen. Während die Gewürze ins Fleisch einziehen, die Pilze putzen und vierteln, den Speck in kleine Würfel schneiden. Die Zwiebeln schälen und grob würfeln. Den Knoblauch ebenfalls schälen und fein hacken. Erst einmal beiseitestellen.

3. Nun das Fleisch mit etwas Butterschmalz im Dutch Oven anbraten. Wenn es rundherum angebraten ist, herausnehmen und den Speck anbraten. Die Zwiebeln nach ein paar Minuten dazugeben. Wenn diese glasig sind, den Knoblauch und die Champignons hinzufügen und alles vermischen.

4. Nun Thymian und Rosmarin dazugeben und mit einem Drittel des Weißweins ablöschen. Reduzieren, bis die Flüssigkeit verkocht ist. Das machen wir dann insgesamt Drei Mal, bis der Weißwein verkocht ist. Dann das Fleisch wieder in den Dutch Oven geben und mit dem Gemüsefond auffüllen. Deckel auf den Dutch Oven setzen und alles bei niedriger Temperatur 30 Minuten schmoren lassen. Anschließend den Schmand einrühren und ohne Deckel leicht weiterköcheln lassen, bis die Sauce andickt und die gewünschte Konsistenz erreicht hat. Dazu passt Reis sehr gut.

HÄHNCHEN-REIS-PFANNE

Dieses Rezept ist ein „one pan"-Gericht, welches durch aromatischen Reis, mediterrane Aromen und einen zitronigen Geschmack begeistert. Ihr werdet es lieben! Für dieses Gericht habe ich eine Gusseisenpfanne und den passenden Deckel eines Dutch Ovens verwendet, da man es so sehr schön anrichten kann.

ZUTATEN

FÜR 3 PORTIONEN

FÜR DIE MARINADE

3 Knoblauchzehen

3 Bio-Zitronen

2 EL scharfer Senf

je 1 TL gemahlener Thymian und Oregano

3 EL Olivenöl

Salz, Pfeffer

AUSSERDEM

3 Hähnchenkeulen

1 Zwiebel

2 Handvoll Spinat

Öl zum Braten

3 Knoblauchzehen

je 1 TL gemahlener Oregano und Thymian

1 Tasse Reis

2 Tassen Geflügelfond

Petersilie zum Garnieren

ZUBEREITUNG

1. Für die Marinade den Knoblauch schälen und fein hacken oder pressen. Die Zitronen heiß abwaschen, von 2 Zitronen die Schale abreiben und in eine Schüssel geben. Die weiteren Zutaten der Marinade hinzufügen und alles gut vermischen. Mit ½ TL Salz und ¼ TL Pfeffer würzen. Die Hähnchenkeulen mit einem Messer in Unter- und Oberkeule zerteilen und in die Marinade geben. In der Schüssel abgedeckt für mindestens 1 Stunde marinieren lassen.

2. Den Garraum des Grills schon mal auf 160–180 °C mit einer indirekten Zone vorheizen. Nun die Zwiebel schälen und in grobe Würfel schneiden. Den Spinat waschen und grob hacken. Die Pfanne zum scharfen Anbraten vorheizen und die Hähnchenteile aus der Marinade nehmen (nicht wegschütten) und in etwas Öl in der Pfanne von beiden Seiten anbraten. Herausnehmen und beiseitestellen. Sollte zu viel Fett in der Pfanne vorhanden sein, kannst du etwas davon abgießen. Die Zwiebelwürfel im Hähnchenfett anbraten, bis sie glasig sind. Dann den Spinat dazugeben und 3 Knoblauchzehen schälen und in die Pfanne pressen. Die Temperatur deutlich reduzieren. Oregano und Thymian zugeben und alles gut vermischen.

3. Den Reis und den Fond hinzugeben, umrühren und die Hähnchenteile mit in die Pfanne legen. Die übrige Marinade nun ebenfalls mit in die Pfanne geben. Die Pfanne in die indirekte Zone des Grills stellen, einen Deckel aufsetzen und alles ca. 35 Minuten garen lassen. Dann den Deckel abnehmen und alles weitere 10 Minuten garen lassen. In dieser Zeit die 3. Zitrone in Scheiben schneiden und auf dem Rost angrillen, bis sie schöne Röststreifen bekommt. Die Petersilie waschen, trocken schütteln, die Blätter abzupfen und fein hacken. Mit den Zitronenscheiben und etwas gehackter Petersilie garnieren und servieren.

PORTUGIESISCHES ZITRONENHÄHNCHEN

Ich liebe dieses Rezept. Selbst der Sud in der Schale ist göttlich. Ich habe etwas Brot hineingetunkt und war absolut glücklich. Selten habe ich ein Rezept erlebt, das wahre Emotionen hervorruft. Am besten nimmst du zum Garen eine Edelstahlschale.

ZUTATEN

FÜR 3 PORTIONEN

ca. 300–400 g kleine Frühkartoffeln

150 g Kirschtomaten

10 braune Champignons

2 Bio-Zitronen

2 Knoblauchzehen

4 Zweige Thymian

2 rote Zwiebeln

10 Oliven (entsteint, Glas)

Salz, Pfeffer

ca. 100 ml Olivenöl

2 TL edelsüßes Paprikapulver

1 EL Honig

3 Hähnchenschenkel (alternativ 6 Unterschenkel)

200 ml Gemüsebrühe

AUSSERDEM

feuerfeste Schale

ZUBEREITUNG

1. Die Frühkartoffeln 10 Minuten vorkochen. Den Grill auf indirektes Grillen (ca. 200 °C) vorheizen. Die Kartoffeln abgießen, die Tomaten waschen und putzen. Beides halbieren, die Pilze ebenfalls putzen und die Zitronen heiß abwaschen. 1 Zitrone vierteln und in eine feuerfeste Schale geben. Den Knoblauch schälen, einmal mit einem Messer platt drücken und ebenfalls in die Schale geben. Die Thymianzweige waschen und trocken schütteln. Nun noch die Zwiebeln schälen, achteln und mit den Thymianzweigen und den Oliven dazugeben. Anschließend Salz, Pfeffer und reichlich Olivenöl darübergeben und alles etwas verteilen.

2. Für die Hähnchenmarinade vermischen wir in einer kleinen Schale je 1 TL Salz, Pfeffer und das Paprikapulver sowie den Honig und 3 EL Olivenöl. Die Schale der 2. Zitrone abreiben, Zitrone halbieren und eine Hälfte auspressen. Die Schale und den Saft mit in die Marinade geben.

3. Die Hähnchenteile auf das Gemüse legen und mit der Marinade bepinseln. Die noch übriggebliebene halbe Zitrone in Scheiben schneiden und mit in die Schale geben. Die Schale für 40 Minuten in den Grill geben und die Hähnchenteile etwa alle 10 Minuten mit der Marinade bepinseln.

4. Anschließend den Gemüsebrühe über das Gemüse gießen und alles weitere 15 Minuten köcheln lassen, bis die Hähnchen eine Kerntemperatur von ca. 73–75 °C haben. Solltest du merken, dass die Temperatur im Grill nicht reicht, um die Flüssigkeit in der Schale zum Kochen zu bringen, dann 1 oder 2 Brenner unter der Schale leicht mitlaufen lassen.

REGISTER

A

Ananas
Ofensuppe 62

B

Bier
Baked Beans 86
Cola-Bällchen mit Kartoffeln 136
Malzbierfleisch 128
Texas Jailhouse Chili 154
Zwiebelwürstchen 110

Bohnen
Baked Beans 86
Mitternachtssuppe 68

Brot
1895-Burger 148
Cola-Bällchen mit Kartoffeln 136
Hackbrötchen mit Chimichurry 36
Iskender Kebap 144
Malzbierfleisch 128
Peanut Cherry Bacon Burger 152
Philly Cheese Steak 142
Pizzatoast 72
Pork Chops Burger 124
Pulled Beef Cheese Sandwich 130
Pulled Chicken Tacos 158
Pusztabällchen 112
Sloppy Joe 146
War Fries Burger 150

Butter
Bacon-Kräuterbutter 84
Röstknoblauchbutter 82

C

Champignons
Jägertopf mit Hähnchen 162
Ofensuppe 62
Portugiesisches Zitronenhähnchen 166

Chilischoten
Bacon-Kräuterbutter 84
Chimichurri 98
Gambas Al Ajillo 58
Ham Jam 96
Pulled Beef Cheese Sandwich 130
Texas Jailhouse Chili 154

Cognac
Gambas Al Ajillo 58

Cola
Currywurstsuppe 74
Cola-Bällchen mit Kartoffeln 136

E

Erbsen
Ofensuppe 62

Erdnussbutter
Peanut Cherry Bacon Burger 152
War Fries Burger 150

F

Frühlingszwiebeln
Ham Jam 96
Nudelauflauf Elsässer Art 108

G

Garnelen
Gambas Al Ajillo 58

Geflügel
Hähnchen-Reis-Pfanne 164
Jägertopf mit Hähnchen 162
Portugiesisches Zitronenhähnchen 166
Pulled Chicken Tacos 158
Saftige Hähnchenbrust 160

Gewürzgurken
Fried Pickles 56
Pusztabällchen 112
Soljanka 78

H

Hackfleisch
1895-Burger 148
Bacon-Torte 106
Bauerntopf 120

Cola-Bällchen mit Kartoffeln 136
Hackbrötchen mit Chimichurri 36
Käsehackbällchen 44
Käse-Lauch-Suppe 66
Lauchpatronen 50
Mitternachtssuppe 68
Moink Balls 46
Peanut Cherry Bacon Burger 152
Pusztabällchen 112
Texas Jailhouse Chili 154
Türkische Börek 42
War Fries Burger 150

J

Jalapeños
Bacon Chili Poppers 30
Baked Beans 86
Sloppy Joe 146
Texas Jailhouse Chili 154

Joghurt
Iskender Kebap 144

K

Kartoffeln
Bauerntopf 120
Cola-Bällchen mit Kartoffeln 136
Garlic Fries 34
Gulaschsuppe 70
Portugiesisches Zitronenhähnchen 166
Sour Cream Wedges 38
Türkische Börek 42

Käse
1895-Burger 148
Bacon Chili Poppers 30
Bacon-Maiskolben 52
Bacon-Torte 106
Cola-Bällchen mit Kartoffeln 136
Garlic Fries 34
Gebackener Feta 88
Griechischer Feta-Dip 92
Hackbrötchen mit Chimichurri 36
Käsehackbällchen 44
Käse-Lauch-Suppe 66
Lauchpatronen 50
Moink Balls 46
Nudelauflauf Elsässer Art 108
Peanut Cherry Bacon Burger 152
Philly Cheese Steak 142
Pig Shots 48
Pizzatoast 72
Pulled Beef Cheese Sandwich 130
Pulled Chicken Tacos 158
Sloppy Joe 146
Türkische Börek 42

Kirschgelee
Peanut Cherry Bacon Burger 152

Knollensellerie
Dicke Rippe 104
Malzbierfleisch 128

Kokosmilch
War Fries Burger 150

L

Lauch
Dicke Rippe 104
Käse-Lauch-Suppe 66
Lauchpatronen 50
Malzbierfleisch 128
Mitternachtssuppe 68

M

Mais
Bacon-Maiskolben 52
Mitternachtssuppe 68

Möhren
Dicke Rippe 104
Malzbierfleisch 128

O

Oliven
Griechischer Feta-Dip 92
Portugiesisches Zitronenhähnchen 166

P

Paprika
Bacon-Torte 106
Bauerntopf 120
Currywurstsuppe 74
Gebackener Feta 88
Gulaschsuppe 70
Lauchpatronen 50
Ofenfleisch 64

Ofensuppe 62
Pizzatoast 72
Pulled Beef Cheese Sandwich 130
Pulled Chicken Tacos 158
Pusztabällchen 112
Soljanka 78
Zwiebelwürstchen 110
Pasta
Nudelauflauf Elsässer Art 108
Pflaumen
Ham Jam 96

Q
Quark
Sour Cream Wedges 38

R
Reis
Hähnchen-Reis-Pfanne 164
Rindfleisch
Gulasch 140
Gulaschsuppe 70
Iskender Kebap 144
Kalbskarree 138
Malzbierfleisch 128
Philly Cheese Steak 142
Pulled Beef Cheese Sandwich 130
Sloppy Joe 146
Texas Jailhouse Chili 154
Tomahawk Steak 134

S
Schmand
Jägertopf mit Hähnchen 162
Nudelauflauf Elsässer Art 108
Ranch-Dip 94
Sour Cream Wedges 38
Schokolade
Texas Jailhouse Chili 154
Schweinefleisch
3-2-1 Spareribs 118
Dicke Rippe 104
Kaukasische Schaschlikspieße 114
Memphis Style Sparerips 116
Ofenfleisch 64
Ofensuppe 62
Pork Chops Burger 124
Salzbraten vom Smoker 76
Schweinebäckchen 102
Zwiebelschichtfleisch 122
Speck
Bacon Chili Poppers 30
Bacon-Kräuterbutter 84
Bacon-Maiskolben 52
Bacon Onion Corn Dogs 54
Bacon-Torte 106
Jägertopf mit Hähnchen 162
Kalbskarree 138
Lauchpatronen 50
Moink Balls 46
Nudelauflauf Elsässer Art 108
Ofenfleisch 64
Peanut Cherry Bacon Burger 152
Pig Shots 48
Zwiebelschichtflesich 122
Spinat
Hähnchen-Reis-Pfanne 164
Spitzpaprika
Gebackener Feta 88
Iskender Kebap 144
Pulled Beef Cheese Sandwich 130
Türkische Börek 42

T
Tomaten
1895-Burger 148
Currywurstsuppe 74
Gebackener Feta 88
Griechischer Feta-Dip 92
Gulasch 140
Gulaschsuppe 70
Iskender Kebap 144
Nudelauflauf Elsässer Art 108
Portugiesisches Zitronenhähnchen 166
Pulled Beef Cheese Sandwich 130
Pulled Chicken Tacos 158
Pusztabällchen 112
Soljanka 78
Texas Jailhouse Chili 154

W
Wein
Gulasch 140
Gulaschsuppe 70

Jägertopf mit Hähnchen 162
Pusztabällchen 112
Wurst
Bacon Onion Corn Dogs 54
Baked Beans 86
Bauerntopf 120
Bratwurst Burnt Ends 32
Currywurstsuppe 74
Gulaschsuppe 70
Ham Jam 96
Mitternachtssuppe 68
Nudelauflauf Elsässer Art 108
Pig Shots 48
Pizzatoast 72
Soljanka 78
Texas Jailhouse Chili 154
Zwiebelwürstchen 110

Y
Yufka-Blätter
Türkische Börek 40

Z
Zucchini
Pulled Beef Cheese Sandwich 130
Soljanka 78
Zwiebeln
1895-Burger 148
Bacon-Torte 106
Baked Beans 86
Bauerntopf 120
Cola-Bällchen mit Kartoffeln 136
Currywurstsuppe 74
Dicke Rippe 104
Gebackener Feta 88
Gulasch 140
Gulaschsuppe 70
Hackbrötchen mit Chimichurry 36
Hähnchen-Reis-Pfanne 164
Ham Jam 96
Iskender Kebap 144
Jägertopf mit Hähnchen 162
Käsehackbällchen 44
Käse-Lauch-Suppe 66
Kaukasische Schaschlikspieße 114
Malzbierfleisch 128
Mitternachtssuppe 68
Moink Balls 46
Nudelauflauf Elsässer Art 108
Ofenfleisch 64
Ofensuppe 62
Philly Cheese Steak 142
Pig Shots 48
Pork Chops Burger 124
Portugiesisches Zitronenhähnchen 166
Pulled Beef Cheese Sandwich 130
Pulled Chicken Tacos 158
Pusztabällchen 112
Röstzwiebeln 90
Sloppy Joe 146
Soljanka 78
Sour Cream Wedges 38
Texas Jailhouse Chili 154
War Fries Burger 150
Zwiebelschichtflesich 122
Zwiebelwürstchen 110
Zwiebelringe
Bacon Onion Corn Dogs 54

ÜBER DEN AUTOR

Rolf Elsebusch verbringt fast seine komplette Freizeit mit Grillen und Kochen. Auf seinem YouTube-Kanal Westmünsterland BBQ zeigt er raffinierte und authentische Gerichte mit multikulturellen Einflüssen, die von Urlauben oder seinem Auslandseinsatz in Afghanistan inspiriert sind. Hilfreich ist hier auch sein Kameramann und Freund Andreas, der aus dem Kaukasus stammt und authentische osteuropäische Rezepte beisteuert.

DANKSAGUNG

Mein erster Gedanke, als es zum Thema „Buch schreiben“ kam, war „Das schaffe ich nicht! Ich kann grillen und kochen, aber doch kein Buch schreiben…“. Dass es dennoch dazu gekommen ist, habe ich natürlich einigen Menschen zu verdanken.

Da wäre zum einen der EMF Verlag mit der sehr professionellen Organisation aller Arbeitsschritte. Hier gilt mein besonderer Dank meiner Lektorin Lisa Helmus. Sie hat meine vermutlich nicht immer einfach zu lesenden Rezepte in eine schöne Form verwandelt und mich immer wieder mit positiven Kommentaren ermuntert.

Auch die erstellten Fotos von meinen Rezepten, welche in Zusammenarbeit mit Sebastian Schollmeyer entstanden sind, haben mir meine Arbeit sehr erleichtert. Dafür nahm Sebastian auch mehrere hundert Kilometer Fahrt auf sich, um mit mir zu grillen und Fotos zu machen.

Dann gebührt mein Dank Andreas, welcher immer fleißig nach Rezepten für unsere Videos sucht und nicht zuletzt auch die Kamera führt und fester Bestandteil des YouTube-Kanals ist.

Weiterhin ein großes Dankeschön an meine Frau, die mich in den Monaten der Erstellung der Rezepte abends vermissen musste, wenn ich mich zum Schreiben zurückgezogen habe.

Vielen Dank an euch alle!

NOCH MEHR TOLLE BÜCHER

JA, ICH GRILL!
70 Rezepte zum Niederknien. Mit Craft-Beer-Guide

ISBN: **978-3-86355-978-6**

24,00 € (D) / 24,70 € (A)

JA, ICH GRILL! – VEGETARISCH
50 Rezepte zum Niederknien

ISBN: **978-3-86355-885-7**

20,00 € (D) / 20,60 € (A)

Wenn du noch weitere Inspiration für die nächste Grill-Session suchst, findest du in diesen Büchern tolle weitere Anregungen. Wie wäre es zum Beispiel mal mit einem vegetarischen Grillabend? Oder du probierst mal die ganz deftigen Rezepte nach amerikanischem Vorbild aus. Die Möglichkeiten sind endlos – die Edition Michael Fischer wünscht guten Appetit!

BBQ – THE AMERICAN WAY

Alles übers Grillen und Smoken: St. Louis-Style-BBQ-Ribs, Cajun Chicken, Blackened Red Snapper

ISBN: **978-3-7459-0937-1**

24,00 € (D) / 24,70 € (A)

GRILL ACADEMY – RICHTIG GUT GRILLEN

Grundlagen, über 120 Rezepte, Craft Beer Guide

ISBN: **978-3-96093-454-7**

36,00 € (D) / 37,00 € (A)

IMPRESSUM

Bibliografische Information der Deutschen Bibliothek.

Die Deutsche Bibliothek verzeichnet diese Publikation in der Deutschen Nationalbibliografie.

Detaillierte bibliografische Daten sind im Internet über http://www.dnb.de/ abrufbar.

EIN BUCH DER EDITION MICHAEL FISCHER

1. Auflage 2023

Covergestaltung, Layout, Satz: Pia von Miller

Redaktion und Lektorat: Paulina Schick und Lisa Helmus

Fotografie: Sebastian Schollmeyer

Foodstyling: Patrick Olbert/Creative Catering und Sebastian Schollmeyer

Weitere Bilder: S. 3: ©Natali Samoro/shutterstock; Icons: ©davooda/shutterstock; Tippkasten: ©Magi Bagi/shutterstock; S. 13: ©Mikhaylovskiy/shutterstock; S. 15/16: ©Lukas Gojda/shutterstock; S. 19: ©WHITE.studio/shutterstock; S. 21: ©E. J. Johnson Photography/shutterstock; S. 23: ©Arina P Habich/shutterstock; S. 24: ©Rvektor/shutterstock; S. 24 (Thermometer): ©veronchick_84/shutterstock

ISBN 978-3-7459-1632-4

Gedruckt bei PNB Print SIA „Jansili", Silakrogs, Ropazu novads, LV-2133, Lettland

www.emf-verlag.de